정치신학논고

정치신학 논고

김명석 지음

이 책은 예수의 생각을 이야기한다

이 세상에는 예수를 따른다고 말하는 이들이 아주 많다. 하지만 그들은 예수 이야기를 별로 하지 않는다. 설교하는 이들조차 예수를 자주 말하지 않는다. 현재 출판된 주일학교 성경 공부 교재를 분석해도 마찬가지 결론을 얻는다. 설교자와 교사들이 신약성경을 다루는 시간은 전체의 절반도 되지 않고, 복음서는 그 절반의 절반도 되지 않는다. 설사 예수 이야기를 하더라도 그들은 주로 예수 행적을 이야기한다. 예수 행적을 이야기할 때도 그들은 부활, 승천, 기적 등과 같은 주제를 주로 말한다.

  예수를 다루는 영화, 드라마, 다큐멘터리, 책 등도 마찬가지이다. 예수를 비판하는 사람들은 예수의 생각을 비판하지 않는다. 기독교를 반대하는 과학자들, 사상가들, 저자들은 예수의 사상을 다루지 않는다. 그들은 성경에 나오는 초자연 현상이 실제로 일어났다는 것을 믿을 수 없다고 말한다. 그런 다음 그들은 자칭 기독교인들의 행태, 교회들의 행태, 오묘한 또는 부조리한 교리를 비판한다. 이때에도 그들은 예수를 별로 이야기하지 않는다. 특히 예수의 사상을 거의 이야기하지 않는다. 예수는 외면당하고 있다.

생각은 과학 이론처럼 발견된다. 또한 생각은 기술 제품이나 예술 작품처럼 발명되기도 한다. 예수는 아름다운 생각을 발견했고 발명했다. 그의 생각을 받아들이고 즐거워하고 누리는 것은 우리 선택에 달려 있다. 나는 이 책에서 예수의 생각을 이야기하고 싶다. 나는 그 생각의 한 측면만을 이야기할 수 있다. 나는 그의 생각을 때때로 잘못 이야기할 수 있고 더 중요한 부분을 놓칠 수 있다. 그럼에도 불구하고 나는 예수의 생각을 더 잘 알고 싶고, 더 많이 알고 싶으며, 더 잘 이야기하고 싶다. 그런데 예수의 생각, 그의 사상을 이해하는 것이 왜 중요한가?

좋은 생각을 갖는 것보다 더 중요한 것은 없다

여기 컵 하나에 아주 맑은 물이 담겨 있다. 냄새도 나지 않고 아무 색깔도 없다. 이것은 물이 확실하다. 하지만 이 물에 적은 양의 독이 들어 있다고 생각하면, 우리는 그 물을 마시지 않는다. 생각은 우리 삶에 매우 큰 영향을 미친다. 이는 사람이 갖고 있는 가장 중요한 특징이다. 넋 나간 사람처럼 멍청하게 사는 삶이 아닌 한, 의지박약이 아닌 한, 우리 삶은 생각의 길을 따른다. 만일 당신이 무능력보다 부패가 낫다고 생각한다면, 설사 능력을 갖췄다 해도 당신 삶은 부패 위험에 노출될 것이다. 만일 당신이 도덕이 밥 먹여 주지 않는다고 생각한다면, 밥을 위해서라면 당신은 부도덕한 삶을 선택할 것이다.

사람으로 사는 것은 한갓 동물로 사는 것과 다르다. 물론 당연히 우리 몸 때문에, 우리 살 · 뼈 · 피 · 신경 · 호르몬 · 유전자 때문에 우리는 거의 동물처럼 살 수밖에 없다. 우리는 물질대사와 복제라는 기능을 수행하기 위해 먹고, 일하고, 쉬고, 잠잔다. 우리가 학교 다니고, 능력을 키우고, 외모를 꾸미고, 돈을 모으는 것은 거의 물질대사와 복제라는 기능에 충실하라는 유전자와 호르몬과 신경전달물질의 명령 때문이다. 과학자 리처드 도킨스 말처럼, 우리 몸은 불멸의 유전자를 증식하기 위한 부속품에 불과하다.

하지만 우리 삶을 채우는 것이 유전자와 호르몬과 신경전달물질의 명령만은 아니다. 철학자 도널드 데이빗슨의 말처럼, 생각·사상·사유는 유전자나 물리법칙의 지배에서 벗어날 약간의 자유를, 공백을, 여지를, 빈틈을 만들어 준다. 사람과 다른 동물 사이에 있는 거의 유일한 차이는 사람이 생각에 따라 산다는 것이다. 물론 여기서 생각 또는 사상을 단순히 두뇌에서 일어나는 신경의 특정한 상태로 여기지 않기를 바란다.

크리스천·그리스도인·기독교인·예수쟁이 등은 예수의 생각을 받아들이는 사람을 부르는 낱말들이다. 단순히 예수의 생각을 받아들이는 체하는 것이 아니라 몸과 마음으로 실제로 받아들이는 사람이다. 나는 청산가리가 내 몸에 독이 되지 않는다고 믿는 체할 수 있다. 하지만 그렇게 믿는 체한다고 해서 내가 그 청산가리를 흔쾌히 입에 털어 넣을 수 있는 것은 아니다. 정말로 청산가리가 내 몸에 독이 되지 않는다고 믿어야 그것을 내 입에 털어 넣을 수 있다. 그리스도인은 예수의 생각을 믿는 체하는 사람이 아니라 진심으로 그 생각을 믿는 사람이다. 그가 예수의 생각을 받아들이는 정도만큼 그 생각대로 살기 마련이다.

예수가 동정녀에게서 태어났고, 부활했고, 하느님이라고 읊조리는 것은 그리스도인이 되기 위해 필요한 것도 충분한 것도 아니다. 교회당과 성당에 자주 드나드는 것 역시 그리스도인이 되기 위해 필요한 것도 충분한 것도 아니다. 심지어 '예수'라는 이름을 아는 것도, 그가 이런 저런 사상을 갖고 있다는 사실을 아는 것도, 그리스도인이 되기 위해 필요한 것도 충분한 것도 아니다. 예수가 가졌던 좋은 생각, 그의 좋은 마음을 갖는 것이 필요하다. 어쩌면 그것으로 충분한지 모른다.

곳곳에 적그리스도가 있다

예수와 반대되는 생각을 가졌던 사람들이 많다. 예수와 상반된 삶을 살았던 사람들이 많다. 나는 이들을 '안티크라이스트' 또는 '적그리스도'라 부르고 싶다. 적그리스도는 비그리스도인과 다르다. 비그리스도인은 다만 예수의 생각과 다른 생각을 가진 사람, 예수의 삶과 다른 삶을 사는 사람일 뿐이다. 그들은 단순히 예수와 무관하게 생각하고, 무관하게 사는 사람일 뿐이다.

나는 적그리스도에게 어떤 불이익을 주거나 고통을 주는 데 전혀 찬성하지 않는다. 다만 그들을 '적그리스도'라고 부르고 싶을 뿐이다. 그들에게 "당신은 그리스도인이 아니다"라고 말하고 싶을 뿐이다. 적그리스도이면서 '그리스도인'이라 불리는 것 자체를 못마땅하게 여길 뿐이다. 일본 사람에게 "너는 한국 사람이 아니다"라고 말하는 것은 모욕이 아니다. 하지만 한국 사람이기 위해 노력하고, 한국 사람으로 살고 싶고, 한국 사람임을 자랑스럽게 생각하는 사람에게 "너는 한국 사람이 아니다"라고 말하는 것은 그에게 모욕이 될 수 있다.

적그리스도는 곳곳에 있다. 기독교인이 아니라는 이유로 사람들을 학살하거나 고문하는 일에 참여했던 이들은 적그리스도이다. 이단 사상을 가진 사람들을 고문하고 죽이는 일에 참여했던 이들은 적그리스도이다. 남아메리카, 북아메리카, 아프리카, 아시아 등지에서 예수의 이름을 걸고 식민지 주민을 수

탈하고 죽였던 이들은 적그리스도이다. 독재자를 비판하지 않은 채 축복만 했던 신부들과 목사들은 적그리스도이다. 히틀러는 자기 아래의 국민들에게 "총통은 우리의 주님이다"라는 구호를 강요했다. 해방 전쟁이 아니라 침략 전쟁과 정복 전쟁을 독려했던 자칭 기독교인들은 적그리스도이다. 신학과 형이상학을 동원하여 교인들을 수탈하고 교회를 강도의 소굴로 만드는 사이비 목사들은 적그리스도이다.

한국 근현대사에는 적그리스도에 가까운 이들이 아주 많다. 권력을 탐해 일본 식민지 지배에 협조했던 반민족 기독교인, 일본 신사참배를 거부했던 이들을 오히려 비난하고 교회에서 축출했던 친일 기독교인들은 거의 적그리스도이다. 반공 이데올로기에 사로잡혀 공산주의자, 진보 사상가, 진보 정치인, 민주주의자, 양민 등을 고문하고 죽이는 일을 당연시한 반공 기독교인들은 거의 적그리스도이다. 부패한 정치 모리배에게 적극 투표하여 그를 대한민국 정부의 행정 수반으로 앉힌 수구 기독교인들도 거의 적그리스도이다. 북한과 전쟁하기를 부추기거나 북한 주민의 고통을 증가시켜야 한다고 설교하는 이들도 거의 적그리스도이다. 나는 이들의 생각과 삶이 예수의 생각과 삶에 반대된다고 단호히 말한다.

예수는 원조 빨갱이였다

오늘날 진보 사상은 주로 물질주의자 또는 유물론자로부터 나왔다. 그 대표자는 마르크스이다. 하지만 진보 또는 좌파가 되기 위해 물질주의를 반드시 받아들여야 하는 것은 아니다. 나는 물질과 자연의 투쟁 압력에서 벗어나게 하는 사랑의 힘, 마음의 힘을 믿는다. 예수는 물질주의자는 아니었지만 아주 빨간 사상을 가졌다. 예수는 가장 평등하고, 가장 평화롭고, 가장 자유로운 국가의 이념을 이야기했다. 그는 마음의 힘을 믿으면서 여전히 빨갱이가 될 수 있다는 것을 잘 보여 주었다. 어쩌면 예수야말로 진정한 빨갱이의 길을 보여 준 것인지 모른다.

나는 살아오면서 대부분 시간을 물리학, 수학, 철학 공부에 집중했다. 이외에 내가 했던 유일한 것은 예수 공부였다. 내가 예수처럼 생각하고 말할수록 사람들은 점차 나를 빨갱이로 여겼다. 평화를 증진해야 한다, 화해해야 한다, 적을 포용해야 한다, 인권을 신장해야 한다, 평등을 확대해야 한다, 자유를 심화해야 한다, 정부는 국민을 보살피는 데 공권력과 자본을 투입해야 한다, 부패를 청산하고 청렴과 정의와 공평을 뿌리내리게 해야 한다, 라는 주장을 할 때마다 사람들은 내가 빨갱이라고 말했다.

이 책은 어떤 의미에서 예수가 빨갱이인지 말할 것이다. 그리스도인은 세계를 더 참되게, 더 착하게, 더 아름답게 만드는 데 복무해야 한다. 해방과 은총과 화해에 복무해야 한다. 참된 그리스도인은 빨갱이가 되어야 한다. 난폭하지 않고, 따뜻한 마음을 가진, 화해하고 포용하는 참된 빨갱이, 그것이 바로 그리스도인의 길이다. 예수가 걸었던 길에 비하면 우리는 아직 빨갛지 않다. 우리는 아직 말뿐이고 게으르고 치열하지 못하다. 우리는 더 빨개져야 한다.

예수는 하느님이 누구인지 말해 준다

기독교인 대부분이 말하는 '하느님' 또는 '하나님'은 예수가 이야기했던 하나님과 상당히 다르다. 오늘날 기독교는 정체불명의 하나님교로 전락했다. 아니 기독교가 순전히 하나님교였다면 오히려 다행이었을 것이다. 기독교는 교회당교, 예배당교, 성당교, 목사교, 신부교가 되었다. 목사가 비리를 저질러도, 성폭행을 해도, 사회 진보를 가로막아도, 그는 그다지 비판받지 않는다.

　기독교는 전지전능한 존재나 초자연 현상을 밥 먹듯이 이야기하는 종교가 아니다. 기독교는 사람을 위한 길, 우리 일상 삶을 위한 길이다. 이 책은 기적, 신비로운 체험 같은 이야기를 전혀 하지 않는다. 그런 것들은 예수의 생각을 이해하는 데 도움이 되지 않는다. 이 책은 예수의 말씀에 집중한다. 예수는 기적, 이적, 표적, 초자연 현상 등을 빌려 자신을 드러내고 싶어 하지 않았다.

　그리스도인은 예수를 통해 하느님 또는 하나님을 만난다. 그리스도인은 예수의 눈으로 하나님을 본다. 예수는 하나님이 누구인지 말해 준다. 예수는 해방하는 힘, 은총의 힘, 사랑의 힘으로서 하나님을 묘사한다. 예수의 마음은 그 힘을 갖추었으며, 그 마음으로 해방과 사랑을 실천했다. 신약성경은 예수의 이 마음을 '성령'이라고 부른다. 기독교회는 예수의 이 마음을 다시 생각하고 자기 마음에 품는 사람들의 모임이다. 여기 모인 사람들은 차츰 해방하는 힘, 은총의 힘, 사랑의 힘을 물려받는다.

몇 가지 일러두기

첫째, 이 책에서 신약의 구절을 인용할 때 주로 참고한 번역은 표준새번역 개정판[2001]과 현대영역판[CEV1995]이다. 때때로 뜻이 더 잘 드러나도록 조금 수정하기도 했지만, 수정 사항을 하나하나 밝히지는 않았다. 몇몇 지명과 인명은 현대식 발음으로 바꾸었다.

　둘째, '하나님'과 '하느님'은 뜻이 다르다. 한자어 '신'에 대한 번역어로 흔히 '하느님'을 쓴다. 많은 그리스도인들과 하느님의 존재를 믿는 철학자들은 하느님이 오직 한 분밖에 없다고 생각한다. 이 하나밖에 없는 하느님을 한국의 다수 그리스도인들은 '하나님'이라 부른다. 하나밖에 없는 그 하느님을 부르는 이름은 각 언어마다 매우 많다.

'하나님'은 홀이름씨^{고유명사}이지만 '하느님'은 두루이름씨^{일반명사}이다. 예를 들어 '백두산'은 홀이름씨이고, '산'은 두루이름씨이다. 우리는 "백두산은 산이다"라고 말할 수 있지만, "산은 백두산이다"라고 말해서는 안 된다. 왜냐하면 백두산 말고 지리산, 한라산 등 다른 산들이 많기 때문이다. 두루이름씨 앞에는 '모든'이나 '몇몇' 또는 '어떤'을 붙일 수 있지만, 홀이름씨 앞에는 그런 것을 붙일 수 없다. 홀이름씨 앞에 '모든'이나 '몇몇' 또는 '어떤'을 붙이자마자 그 이름은 두루이름씨로 바뀐다. 예를 들어 "모든 전태일은 노동자를 사랑한다"라고 했을 때 '전태일'은 두루이름씨이다.

만일 세상에 산이 오직 하나밖에 없고 그 산 이름이 '백두산'이라고 생각해 보자. 이 경우에도 "백두산은 산이다"와 "산은 백두산이다"는 다른 문장이다. 이처럼 홀이름씨와 두루이름씨는 잘 가려 써야 한다. 이 책에서 '하나님'은 홀이름씨이고, 신구약 성경에 나오는 그 하느님을 가리킨다. 하지만 이 책에서 '하느님'이라고 쓸 때 이 낱말은 두루이름씨로 쓴 것이다. 그래서 "하나님은 신구약 성경에 나오는 그 하느님이다"는 맞게 쓴 문장이다. 하지만 "하느님은 신구약 성경에 나오는 그 하나님이다"는 맞지 않다.

셋째, 신약의 우리말 번역에서 예수를 칭할 때 흔히 '예수님'이라 쓰는데 이 책에서는 모두 '예수'로 바꾸었다. 이는 예수를 하느님이라 생각하지 않고, 심지어 위대한 인물로도 여기지 않는 독자들을 위한 것이다. 예수를 '예수님'이라 부르지 않아도 예수의 중요성이 사그라지지 않으며, 그의 가치가 낮아지지 않는다. 예수를 하찮게 여기는 이들에게도 예수의 생각이 제대로 알려져야 한다.

넷째, 예수가 했다고 알려진 말들은 높임말로 표현할 것이다. 그가 자신의 제자들에게 했던 말이든, 자기 앞에 모인 사람들에게 했던 말이든 모두 높임말로 바꾸었다. 내가 아는 한 예수는 위엄을 부려 남을 억누르려고 하는 사람도 아니고, 권위주의에 사로잡힌 사람도 아니다. 예수는 우리를 모시고 섬기기 위해 존재했지, 우리에게 모셔지고 섬겨지기 위해 존재한 것이 아니었다.

다섯째, 마태복음에 나오는 '하늘나라'를 이 책에서는 '하나님 나라'로 모두 바꾸었다. 다른 복음서에서 '하나님 나라'라고 쓰는 곳에서 마태복음은 '하늘나라' 또는 '천국'이라고 쓰고 있다. 이것은 마태가 유대인 전통에 따라 '하나님'이라는 이름을 감히 입에 올리거나 손으로 쓸 수 없었기 때문이다. 예수는 '하늘나라' 또는 '천국'을 말한 적이 없다.

목차

제 1 부

정의로운 나라 만들기

1
예수 스캔들

예수는 인류 역사상 가장 위대한 진보를 이룩했던 인물이다. 하지만 예수를 좋아하는 많은 사람들은 예수가 정치 및 사회 혁신에 무관심했다고 믿고 있다. 이 때문에 이들은 예수를 따른다고 하면서 정치 및 사회 혁신에 무관심하다. 정치 혁신에 관심이 많은 사람들도 예수가 정치 혁신에 무관심했다고 믿고 있다. 이 때문에 많은 정치 혁신가들은 예수를 싫어한다.

진보, 좌파, 빨갱이들 다수가 예수를 싫어하는 동안, 예수는 점차 보수, 우파, 반공의 표상이 되고 있다. 20세기 후반 이후 특히 미국과 한국에서 이 현상이 점차 뚜렷해졌다. 사람들이 이와 같은 방식으로 예수를 오해하는 것을 나는 '예수 스캔들'이라 부른다. 예수 이후 2000년은 이러한 예수 스캔들로 가득 차 있다. 그 첫 스캔들은 요한에서 시작됐다.

요한은 예수의 선배다. 예수의 제자 요한과 구별하기 위해 그를 '세례자 요한' 또는 '침례자 요한'이라 부른다. 요한 이야기는 유대 역사가 티투스 플라비우스 요세푸스[37-100]의 『유대 고대사』에도 나온다. 여기서 요한은 물로 몸을 씻어 영혼을 깨끗이 하는 의식을 대중들에게 베푼 사람으로 그려졌다. 요한은 들판과 요르단 강 인근에서 사람들에게 하나님께 되돌아오라고 외쳤다. 하나님께 돌아오겠다는 이들에게 의례로서 세례를 주고 있었다. 그는 메시아가 곧 나타나 세상을 심판하고 정화할 것이라고 외쳤다.

> 독사 새끼들아, 누가 너희에게 닥쳐올 심판을 피하라고 일러 주더냐? 너희가 참으로 너희 잘못을 인정한다면 그에 따른 행동을 보여라. 그리고 너희는 속으로 주제넘게 '우리는 아브라함의 후손이다'라고 말할 생각을 하지 말라. 내가 너희에게 말한다. 하나님께서는 이 돌로도 아브라함의 자손을 만드실 수 있다. 도끼를 이미 나무뿌리에 갖다 놓았으니, 좋은 열매를 맺지 않는 나무는 다 찍어서, 불속에 던지실 것이다. (…) 내 뒤에 오시는 분은 나보다 더 능력이 있는 분이시다. (…) 그의 손에 키가 들려 있으니, 타작마당을 깨끗이 하여, 알곡은 곳간에 모아들이고, 쭉정이는 꺼지지 않는 불에 태우실 것이다.^마
>
> 태3:7~12

이처럼 그의 목소리는 매우 과감하고 거칠다.

여기서 잠깐 히브리어 '메시아'에 대해서 이야기해 두자. 메시아는 '기름부음 받은 자'를 뜻한다. 출애굽기 30장 25절에 "성스러운 것과 속된 것을 구별하는 기름"을 만드는 방법과 그 사용처를 기술하고 있다. 이 기름을 바른 사람은 유대 공동체의 최고 지도자로 간주된다. 구약의 몇몇 구절에서는 유대의 왕뿐만 아니라 페르시아의 왕까지도 '메시아'라고 언급한다.

솔로몬이 죽고 난 다음 유대왕국이 북이스라엘과 남유대로 분열되는데, 두 분단국가는 각각 기원전 722년 아시리아와 기원전 586년 신바빌로니아에 의해 패망한다. 그 이후 유대인들은 다윗 가문을 계승한 새로운 국왕이 나타나서 통일 유대왕국을 건설할 것으로 믿고 기대한다. 그는 유대인뿐만 아니라 모든 인류를 다스릴 텐데 그렇게 되면 배고픔과 범죄와 전쟁이 없어질 것으로 믿는다. 유대인들은 자신들이 갈망하는 그 시대를 '메시아 시대'라 한다.

어떤 유대인은 페르시아에 강제 이주되어 포로 생활을 하면서 메시아를 기다렸고, 어떤 유대인은 폐허가 된 이스라엘의 도시와 성터와 성전을 보면서 메시아를 기다렸다. '선지자' 또는 '예언자'라 불리는 이들은 유대 민족에게 메시아 시대를 준비할 것을 호소했다. 이것이 이사야서부터 말라기서까지 구약성경의 후반부를 이룬다. 이사야서의 다음 구절은 메시아 시대를 묘사하고 있다.

> 사람들은 칼을 쳐서 보습을 만들고, 창을 쳐서 낫을 만들 것이다. 나라와 나라가 칼을 들고 서로를 치지 않을 것이며 다시는 군사훈련도 하지 않을 것이다. 이사야2:4

> 그때에는 이리가 어린 양과 함께 살며, 표범이 새끼 염소와 함께 눕고, 송아지와 새끼 사자와 살진 짐승이 함께 풀을 뜯고, 어린 아이가 이들을 몰고 다닌다. 암소와 곰이 서로 벗이 되며, 이들 새끼가 함께 눕고 사자가 소처럼 풀을 먹는다. 젖 먹는 아이가 독사 굴 곁에서 장난하고 젖 뗀 아이가 살무사의 굴에 손을 넣는다. 이사야11:6~8

이처럼 메시아가 오면 만물은 화해하고 사람은 해방되고 구원 받는다.

기원전 1세기부터 3세기 사이에 유대인 학자들 70명 또는 72명이 구약을 그리스어로 옮겼는데 이를 '칠십인역'이라 한다. 칠십인역은 히브리어 '메시아'를 그리스어 '크리스토스'로 옮겼다. 이 낱말은 그리스어로 '기름 부은'이라는 뜻이다. 그리스어 '크리스토스'는 라틴어로 '크리스투스'로 옮겨졌다. 이것이 여러 나라에서 '크리스트', '크라이스트', '그리스도', '기독' 등으로 옮겨졌다.

요한은 선배 선지자들처럼 메시아가 올 것이라고 외치던 중 예수를 만났다. 그는 예수를 만난 뒤 예수가 메시아라고 점차 믿게 되었다. 메시아 시대가 마침내 왔다는 확신이 너무 강했던 나머지 급기야 그는 당시 권력의 핵심부를 비판했다. 이 때문에 감금되었고 곧 사형에 처할 운명이었다. 요세푸스의 기록에 따르면 많은 대중들이 세례자 요한에게 감동받았고 그를 따르는 무리들이 많았다.

요세푸스는 당시 갈릴리와 페레아 지방을 지배하던 헤로데 안티파스BC20~AD39가 요한의 정치 영향력이 두려워 그를 박해한 것으로 기록했다. 감금된 후 요한은 예수의 여러 활동들을 소문으로 듣게 되었다. 그는 예수가 기대했던 메시아로서 역할을 하지 못하고 있다고 생각했다. 그는 메시아가 오면 "좋은 열매를 맺지 않는 나무는 다 찍어서 불 속에 던지실 것이다! 타작마당을 깨끗이 하여, 알곡은 곳간에 모아들이고, 쭉정이는 꺼지지 않는 불에 태우실 것이다!"고 외치고 다녔다. 하지만 예수의 목소리는 너무 온건했고, 세속 권력을 거칠게 비판하지도 않았다.

자신의 죽음이 가까이 왔다고 생각한 요한은 면회 온 자기 제자들을 예수에게 보냈다. 요한의 제자들이 예수에게 와서 묻는다. "오실 그이가 그대입니까? 그대가 아니라면 우리가 다른 이를 기다려야 합니까?"마태11:3 요한의 의문과 실망은 현재 우리가 예수에게 느끼는 감정과 비슷하다. 요한은 세상의 악에 대해 사납게 저항했다. 하지만 세상은 달라지지 않았고 자신은 옥에서 고통 받고 있으며 곧 목이 날아갈 것이다. 마음이 썩어가고 몸이 썩어가는 동안 예수는 지금 무엇을 하고 있는가? 예수는 세상에 어떤 변화를 가져올 수 있는가?

요한 제자들의 물음에 답하는 예수는 자신감에 넘친다.

가서서, 그대들이 듣고 본 것을 요한에게 알려 주십시오. 눈 먼 사람이 지금
볼 수 있으며, 다리 저는 사람이 걸을 수 있으며, 살갗이 썩어가는 사람이 깨
끗해지고 있고, 듣지 못하는 사람이 들을 수 있습니다. 죽는 사람이 새 삶을
얻어 일어나며, 낮은 사람들이 기쁜 소식을 듣고 있습니다. 저에게 걸려 넘어
지지 않는 사람에게 축복이 있을 것입니다. ^{마태11:4~6}

예수가 요한에게 알려 주라고 한 것은 아픈 사람이 치료되는 사건, 죽은 사람
이 다시 사는 것 등이 있다. 불치 환자나 선천 장애인이 치료되는 것은 나름
합당한 방식으로 이해할 수 있다. 하지만 죽은 사람이 다시 사는 것이 정확히
어떤 사건인지 우리 지성으로 이해하기 어렵다. 우리는 이 사건에 대해 나중
에 판단하기로 하자. 당분간 이를 죽어가는 사람이 다시 활기를 얻는 것으로
순화해서 읽도록 하자.

치료와 회복은 예수가 알려 주라 한 것들 중에서 가장 중요한 것이 아니다.
가장 중요한 것은 "낮은 사람들이 기쁜 소식을 듣고 있다"는 사실이다. 여기서
'낮은'은 '가난한', '가진 것 없는', '의지할 데 없는', '겸손한', '마음이 가난한',
'주저앉은', '계급이 낮은', '억눌린' 따위로 이해해도 된다. 낮은 사람들이 기
쁜 소식을 듣는다는 사실이 예수가 요한에게 전할 메시지의 핵심이었다.

마지막 구절에서 예수는 요한의 의심을 걱정하고 있다. "저에게 걸려 넘어
지지 않는 사람에게 축복이 있을 것입니다." 이 말을 좀 더 쉬운 말로 고치면
다음과 같다. "제가 그대에게 걸림돌이 되지 않는다면 다행이겠습니다." 여기
서 '걸림돌' 또는 '걸려 넘어지게 하는 돌'을 그리스어로 '스칸달론'이라 한다.
'스칸달론'은 『70인역』에서 구약의 '걸려 넘어지게 하는 것'^{미크솔}을 그리스어로

옮길 때 사용한 낱말이다.

> 듣지 못하는 사람을 저주해서는 안 된다. 눈이 먼 사람 앞에 걸려 넘어질 것
> 을 놓아서는 안 된다. 너는 하나님 두려운 줄을 알아야 한다. 레위19:14

'스칸달론'은 오늘날 우리가 '스캔들'이라고 말하는 것의 어원이다. 이것은 우리를 잘못된 행동이나 잘못된 판단으로 이끄는 장애물이다. 누군가의 스캔들은 그 사람의 신뢰를 깨뜨린다. 현대영어판CEV은 이 부분을 "내가 한 것 때문에 나를 거부하지 않는 사람에게 축복이 있을 것입니다"로 옮겼다. 예수는 자신의 행위들이 자신에 대한 신뢰를 깨뜨릴지 모른다고 걱정하고 있다. 세례자 요한이 이것 때문에 걸려 넘어가 자신을 거부하지 않을까 우려하고 있다.

예수는 자신이 첫째로 해야 할 일을 가진 것 없는 이에게 기쁜 소식을 전하는 일로 잡았다. 기쁜 소식을 전하는 일은 곧 처형당할 요한에게 스캔들처럼 들릴지 모른다. 오늘날 우리에게도 예수의 말과 행동은 그를 만물을 해방하는 자로 인정하는 데 걸림돌이 된다. 예수의 무기력한 생애는 우리에게도 스캔들로 다가온다. 예수를 해방의 대표자로 여기는 것은 지성의 불명예로 여겨진다. 하지만 예수는 우리에게 말한다.

> 제가 말하고 행하는 것들이 그대에게 걸림돌이 되지 않는다면 다행입니다.
> 제가 낮은 사람들에게 기쁜 소식을 전하고만 있다는 사실을 스캔들로 여기지
> 않는 분들에게는 해방이 있을 것입니다.

우리는 세례자 요한처럼 예수에게 묻고 있다. 정말 예수는 해방의 주동자인가? 그는 만물의 화해자인가?

2
기쁜 소식, 정의가 힘을 미치고 있다

예수를 따르는 제자들에게도 "낮은 사람들이 기쁜 소식을 듣고 있다"는 사실은 매우 중요했다. 이 사실이 예수와 그 제자들에게 왜 그토록 중요했던 것일까? 우리는 이것을 차츰 이해하게 될 텐데 이를 이해하기 위해 먼저 '기쁜 소식'이 정확히 무엇인지 차근차근 추적해 보자.

예수 이야기를 전한 마태^{마타이}, 마가^{마르코스}, 누가^{루카스}, 요한^{요한나}은 자신들의 이야기를 '에우앙겔리온'이라 불렀다. 여기서 '에우'는 '기쁜'을 뜻하고 '앙겔리온'은 '소식'을 뜻한다. 천사를 뜻하는 영어 '엔젤'은 '앙겔로스'에서 왔는데 이는 원래 '소식을 전하는 이'를 뜻한다. 에우앙겔리온은 한국어로 '복음' 또는 '기쁜 소식'으로 옮겨졌다. 마태복음은 '예수의 제자 마태가 전해 준 예수의 기쁜 소식 이야기'이고, 요한복음은 '예수의 제자 요한이 전해 준 예수의 기쁜 소식 이야기'이다.

예수의 기쁜 소식은 무엇보다 예수가 전해 준 소식이다. 그 다음 예수의 기쁜 소식은 기쁘다. 그것이 실제로 기쁜지 기쁘지 않은지 나중에 판단하기로 하고 예수가 전하려 한 소식이 무엇인지 알아보자.

마가복음은 네 복음서 가운데 가장 일찍 저술된 복음서로 알려져 있다. 마가복음의 첫말은 이렇다. "이 이야기는 하나님의 아들 예수 그리스도에 관한 기쁜 소식이다."[마가1:1] 몇몇 사본에는 '하나님의 아들'이라는 표현이 없다. 마가복음의 마지막 장에서 예수는 제자들에게 "그대들은 온 세상에 나가 모든 사람들에게 기쁜 소식을 퍼트려 주십시오"[마가16:15]라고 당부한다.

누가복음은 예수가 활동하기 시작하는 시점을 유대교 회당에서 구약성경을 낭독하는 일로 잡고 있다. "예수는 자기가 자라난 나사렛에 와서 늘 하던 대로 안식일에 회당에 들어갔다. 그는 성경을 읽으려고 일어서서 예언자 이사야의 두루마리를 건네받아 그것을 펴고 이런 말씀이 써진 곳을 찾았다."[누가4:16~17] 여기서 "예언자 이사야의 두루마리"라는 것이 히브리어로 쓰인 것인지 시리아어[아람어]로 번역된 것인지 확실하지 않다.

만일 예수가 완전한 까막눈이었다면 그 말씀을 찾은 사람과 읽은 사람은 다른 사람이라고 생각해야 할 것이다. 물론 예수가 완전한 까막눈이었을 것이라고 추정할 만한 강력한 단서나 자료 같은 것은 없다. 예수가 일상생활에서 다른 사람과 대화할 때 사용한 언어는 시리아어이다. 그가 적어도 하나의 문자를 쓸 수 있었다면 아마도 그것은 시리아어일 것이다.

예수가 글을 쓸 수 있었다는 것을 짐작하게 하는 구절도 있다. "예수는 몸을 굽혀서 손가락으로 땅에 무엇인가를 썼다."[요한8:6] 예수가 실제로 글을 읽을 수 있고 글을 쓸 수 있었는지는 우리 이야기의 핵심이 아니다. 누가는 예수가 그 구절을 '읽었다'는 표현을 쓰지 않고 그 구절을 '찾았다'고 보고할 뿐이다.

누가복음은 그리스어로 쓰였기 때문에 누가복음 본문에 인용된 이사야서의 구절은 『칠십인역』이다. 『칠십인역』은 기원전 3세기경부터 기원전 1세기까지 히브리어로 된 구약성경을 알렉산드리아 시대의 공용어였던 코이네 그리스어로 옮긴 것이다. 여기서 '코이네'는 공용을 뜻한다. 오늘날 구약의 표준 문서는 그리스어로 된 『칠십인역』이 아니라, 히브리어로 된 마소라 본문이다. '마소라'는 히브리어로 '전통'을 뜻한다.

기원후 6세기부터 10세기 무렵 이스라엘과 이라크 등지에서 유대교 경전을 연구하는 집단이 있었는데 이 집단을 '마소라 학파'라 한다. 히브리어 성경은 훈련받은 낭독자들에 의해 구전되었다. 그러다 기원후 7세기경부터 낭독자들의 발음이 문서화되기 시작해 마침내 895년에 완료되었다. 마소라 학자들 가운데서 벤 아세르 가문이 이 작업을 수행했는데, 이를 위해 그들은 히브리어 모음과 발성법을 도입했다. 이 작업을 마지막으로 한 사람은 아론 벤 모세 벤 아세르이다. 그의 발성법 체계는 이후 필사가들에게 표준이 되었다.

예수가 읽은 이사야서의 히브리어 마소라 본문은 다음과 같다.

> 주께서 나에게 기름을 부으시니, 주 하나님의 영이 나에게 임하셨다. 주께서
> 나를 보내셔서 낮은 사람들에게 기쁜 소식을 전하게 하셨다. ^{이사야61:1}

여기서 '낮은'은 '가난한', '가진 것 없는', '의지할 데 없는', '겸손한', '마음이 가난한' 따위로 이해해도 된다. 현대영역본은 '낮은' 대신에 '억눌린'으로 옮겼다.

> 주 하나님의 영이 나를 사로잡았다. 주께서 나를 골라 보내었다. 억눌린 사람
> 들에게 기쁜 소식을 말하게 했다.

이처럼 '낮은'은 '계급이 낮은'을 뜻한다고 보는 것이 낫겠다.

예수가 이사야서의 이 말씀을 찾아 읽은 사건은 우리에게 무엇을 말해 주는가? 그것은 낮은 사람들에게 기쁜 소식을 전하는 것이 곧 자신의 사명이라고

예수 스스로 깨닫고 있다는 점이다. '기쁜 소식'에 대한 몇 가지 실마리를 얻었다. 첫째, 예수는 이 소식을 전하는 것을 자신의 사명으로 여겼다. 둘째, 이 소식은 심지어 낮고 가난하고 억눌린 사람들에게도 전해야 하는, 오히려 그들에게 특별히 먼저 전해야 하는 소식이다. 셋째, 이 소식은 특히 낮고 가난하고 억눌린 사람들에게 기쁜 소식이다.

마태복음과 마가복음은 예수가 활동을 시작한 시점을 헤로데 안티파스가 세례자 요한을 잡아 가둔 뒤로 잡고 있다. "요한이 잡힌 뒤에 예수는 갈릴리에 와서 하나님의 기쁜 소식을 선포했다."^{마가1:14} 여기서 우리는 기쁜 소식이 '하나님의 기쁜 소식'이라는 것을 읽을 수 있다. '하나님의 기쁜 소식'은 '하나님 나라의 기쁜 소식'을 줄인 말이다.

마태복음은 예수가 활동을 시작하자 이를 다음과 같이 요약한다.

예수가 온 갈릴리를 두루 다니면서 그 지역 사람들의 회당에서 가르치며, 하나님 나라의 기쁜 소식을 선포하며, 사람들 가운데서 온갖 질병과 아픔을 고쳐 주었다.^{마태4:23}

또한 예수의 활동이 보다 활발해질 때도 마태는 이 활동을 다음과 같이 요약한다.

예수는 모든 도시와 마을을 두루 다니면서, 유대 사람들의 여러 회당에서 가르치며, 하나님 나라의 기쁜 소식을 선포하며, 온갖 질병과 온갖 아픔을 고쳐 주었다.^{마태9:35}

이처럼 예수는 자기 활동을 기쁜 소식을 전하는 일로 가득 채웠다.

마태는 '하나님 나라'라고 해야 할 자리에 언제나 '하늘나라'라고 바꾸어 썼다. 마태는 유대인 독자를 염두에 두고 복음서를 기술했다. '하나님'이라는 이름을 사람의 글씨로 표현하는 것은 유대인 전통에서 금기시되었기 때문에 마태는 '하나님' 대신에 '하늘'을 썼다. 마태가 '하늘나라'라고 쓴 것은 모두 '하나님 나라'로 다시 바꾸는 것이 마땅하다. '하늘나라' 또는 한자어 '천국'이라는 표현은 예수 스캔들을 양산하고 확산하는 주된 동력이 되었다. 예수는 '하늘나라'든 '천국'이든 이런 낱말을 쓴 적이 한 번도 없다.

'기쁜 소식'이 무엇을 뜻하는지 조금 더 뚜렷해졌다. 앞에서 말했듯이, 이 기쁜 소식은 예수 그리스도에 관한 소식이며, 예수는 이 소식을 사람들에게 전하는 것을 자기 사명으로 삼았고, 그는 이 소식이 낮고 가난하고 억눌린 사람들에게 퍼져나가기를 바랐다. 나아가 이 기쁜 소식은 하나님 나라에 관한 소식이다. 여기서 우리는 '하나님'이 뜻하는 것이 무엇인지 안다고 섣불리 장담해서는 안 된다. 예수는 하나님이 어떤 존재인지 설명하는 데 별로 노력을 기울이지 않는다. 오히려 하나님 나라가 어떻게 활동하고 작동하고 작용하는지 설명하는 데 대부분의 노력을 기울인다.

하나님 나라에 관한 기쁜 소식은 하나님 나라에 대해 무엇을 말해 주는가? 그것이 어떤 소식이기에 세상 사람들에게 기쁜 소식이 될 수 있는가? 이 물음에 답하기 위해 '나라'가 무엇인지 이해해야 한다. 나라는 사람, 땅, 다스림으로 이루어진다. 여기서 가장 중요한 것은 다스림이다. 나라 땅이란 다스림이 미치는 영역을 말하고, 나라 사람은 다스림을 따르는 또는 다스림이 미치는 사람들을 말한다.

땅과 사람은 나라가 있기 전에도 있었다. 나라가 생기기 위해서는 무엇보다 다스림이 있어야 한다. 다스림, 통치권, 통치력, 주권이 없는 상태는 곧 나라가 없는 상태이다. '하나님 나라'는 곧 '하나님의 다스림'을 뜻한다. 따라서 하나님 나라에 관한 기쁜 소식이란 하나님이 소유하거나 거주하는 어떤 영토에 관한 소식이 아니다. 하나님 나라에 관한 기쁜 소식이란 하나님의 다스림에 관한 소식이다. 예수가 세상 사람들에게 전하고자 했던 기쁜 소식은 하나님의 다스림에 관한 기쁜 소식이다.

하나님 나라에 관한 기쁜 소식은 그 나라가 웅장하다는 소식이 아니다. 그 나라가 아름답다는 소식도 아니다. 그 나라를 돈으로 쉽게 살 수 있다는 소식도 아니다. 하나님 나라의 기쁜 소식이란 하나님이 다스리는 방식이 사람들에게 기쁨이 되는 소식이다. 그런데 하나님의 다스림이 사람들에게 어떻게 기쁨이 될 수 있다는 말인가? 다스림은 우리를 지배하고 통제하고 억압하는 것이 아닌가?

다스림은 크게 세 가지 일을 한다. 먼저 다스림은 법과 규칙과 규범을 만든다. 그 다음 법과 규범에 따라 사는 이를 보상하고 이를 어긴 이를 벌한다. 마지막으로 법과 규범에 따라 나라 사람을 보살핀다. 우리가 갖고 있는 다스림에 대한 인상은 나라의 앞 두 가지 일에 사로잡혀 있다. 우리는 나라 사람을 보살피는 일이 나라가 하는 일 가운데 가장 중요하다는 것을 잊고 있다.

하나님 나라에 관한 기쁜 소식이란 하나님이 나라 사람을 어떤 방식으로 보살피는지에 관한 소식이다. 예수는 바로 이 소식을 사람들에게 널리 알리는 것을 자신의 존재 이유로 삼았다. 소식을 알리는 이로서 예수는 이 소식을 믿었다. 그는 그 소식이 사람들에게 기쁜 소식이 되기를 바랐다. 나아가 그는 그 소식이 참되면서 또한 기쁜 소식이 되게 해야 했다. 바로 이것이 그의 '메시아'로서 사명이었다.

우리는 '하나님 나라'를 단순히 '하나님의 다스림'으로 이해하는 데 만족해서는 안 된다. 우리는 그 다스림의 방식과 내용을 알아나가야 한다. 예수가 하나님 나라를 이야기한 것은 곧 하나님의 정치와 하나님의 정의를 이야기한 것이다. '하나님'은 가장 참되고 가장 착하고 가장 아름다운 이를 부르는 이름이다. 따라서 하나님의 정치란 가장 탁월한 정치이다. 하나님의 정의란 가장 합당한 정의이다. 예수는 신학의 이름으로 정치철학 또는 국가론을 이야기하고 있다. 예수의 메시지를 논문 형태로 발표한다면 그것은 『정치신학논고』가 될 것이다. 예수는 사람들에게 소식을 전하고 있다.

가장 탁월한 정치가 힘을 발휘할 것입니다. 가장 합당한 정의가 당신에게 미칠 것입니다.

만일 가장 탁월한 정치와 가장 합당한 정의가 지금 힘을 미친다면 그것을 기뻐할 사람들은 누구인가? 그 사람들은 낮고 가난하고 억눌린 이들이다.

3

이미, 정의의 화신이 나타났다

누가복음은 예수가 활동을 시작하는 시점을 회당에서 예언자 이사야의 두루
마리 성경을 낭독하는 것으로 잡고 있다.

> 주 하나님의 영이 나를 사로잡았다. 주께서 나를 골라 보내었다. 억눌린 사람
> 들에게 기쁜 소식을 말하게 했다. 마음 다친 사람을 싸매어 주게 했으며, 갇
> 힌 자와 잡힌 자에게 풀려났음을 알리게 했다. ^{이사야61:1}

이 구절을 읽은 것보다 더 중요한 일이 그 다음에 나온다.

> 예수는 두루마리를 말아서 맡는 이에게 되돌려주고 앉았다. 회당에 있던 모
> 든 이가 예수를 바라보았다. 예수는 그들에게 말했다. "이 성경 말씀이 그대
> 들이 듣는 가운데 오늘 이루어졌습니다." ^{누가4:20~21}

이사야의 이 예언이 읽히자마자 이사야의 예언이 지금 이곳에서 실현되었다

니! 이것은 매우 놀라운 주장이다.

예수는 기쁜 소식을 사람들에게 전하는 것을 자기 사명으로 삼았고 이 소식이 세상 모든 사람들에게 퍼져나가기를 바랐다. 이 기쁜 소식은 하나님이 사람을 어떤 방식으로 보살피는지에 관한 기쁜 소식이다. 예수는 이 소식이 사람들에게 참으로 기쁜 소식이 되기를 바랐으며, 소식대로 일이 실제로 벌어지길 바랐다. 예수는 그 예언서의 말씀이 울려 퍼지는 바로 그 자리에서 그 소식이 지금 이루어졌다고 말한다.

예수가 전하려고 했던 하나님 나라에 관한 기쁜 소식은 하나님 나라가 미래에 실현될 것이라는 소식이 아니다. 하나님 나라에 관한 기쁜 소식이란 가장 탁월한 정치가 언젠가 시작될 것이라는 소식이 아니다. 기쁜 소식이란 바로 지금 가장 탁월한 정치가 실현되고 있다는 소식이다. 가장 좋은 다스림과 보살핌이 지금 여기서, 바로 우리 가운데, 이 땅에서 시작되었다는 소식이다. 예수가 우리에게 전한 소식은 최고의 정치, 최선의 정의가 하늘에서 펼쳐지고 있다는 소식이 아니다. 최선의 정치와 정의는 하늘이 아니라 이 땅에서 지금 힘을 발휘하고 있다.

가장 좋은 다스림과 보살핌은 어떤 식으로 지금 이 땅에 실현되고 있는가? 예수는 바로 자기 자신을 통해 지금 실현되고 있다고 말한다. "이 성경 말씀이 그대들이 듣는 가운데 오늘 이루어졌습니다." 예수는 자기 자신을 가장 좋은 다스림과 보살핌을 집행하는 행정 수반으로 자리매김한다.

저는 최고 정의의 화신입니다! 지금 여기에 최고 정의가 나타나 이 땅에 그 힘을 미치고 있습니다!

예수의 이 혁명 정부 선언은 몹시 불온하고, 몹시 위험하다.

예수가 눈멀고 말 못하는 이를 고친 적이 있었다. 질병의 원인을 잘 몰랐던 당시에 눈이 멀고 말을 못하는 사람은 귀신이 들린 것으로 여겨졌다. 간질이나 소아마비 같은 것도 귀신의 작용이라 믿었다. 앓는 사람을 고치는 행위는 넓은 의미에서 귀신을 몰아내는 행위로 이해되었다. 당시 그리스의 철학에 따르면 좋은 영혼이란 몸의 건강을 유지하는 힘 또는 몸의 균형 그 자체를 뜻하고, 나쁜 영혼이란 몸의 건강을 해치는 힘 또는 몸의 불균형 그 자체를 뜻했다.

예수가 아픈 사람을 고치는 일을 하자, 아픈 이를 고치는 일에 큰 관심이 없었던 사람들이 예수가 악마의 힘을 빌려 이런 일을 한다고 모함하기 시작했다.

> 이 사람이 악령들의 두목 바알세불의 힘을 빌지 않고서는 악령을 쫓아내지 못할 것이다. 마태12:24

이에 대해 예수는 다음과 같이 응답한다. "악령과 악령이 싸우는 것은 말이 되지 않습니다. 따라서 제가 악령의 힘으로 악령을 내쫓는다는 주장도 말이 되지 않습니다."

만일 예수가 악령의 힘으로 악령을 내쫓지 않는다면 그는 누구의 힘으로 그 일을 하고 있는가? 예수는 놀라운 주장을 한다.

> 제가 하나님의 영을 힘입어 악령을 내쫓는다면 이것은 하나님 나라가 그대들에게 이미 왔다는 것을 보여 줍니다. 마태12:28

우리는 '이미'라는 말을 눈여겨 읽어야 한다.

누가복음 11장 20절에도 똑같은 구절이 나온다. "제가 하나님의 힘으로 악령을 내쫓는다면, 이것은 하나님 나라가 그대들에게 이미 왔다는 것을 보여 줍니다." 여기서 "하나님 나라가 온다"라는 말은 "하나님의 통치력이 여기에 미친다"로 이해해야 한다. 예수의 주장이 말해 주는 것은 분명하다. 첫째, 예수는 하나님의 영을 힘입어 악령을 내쫓는다. 둘째, 예수의 이 활동은 하나님의 통치가 지금 여기서 벌어지고 있다는 증거이다.

마태와 마가는 예수가 활동을 시작하는 장면을 누가와 다르게 그리고 있다. 하지만 예수의 첫 메시지는 누가와 크게 다르지 않다.

> 뉘우치십시오. 하나님 나라가 가까이 왔습니다.^{마태4:17}

> 때가 다 되었습니다. 하나님 나라가 가까이 왔습니다. 뉘우치십시오. 기쁜 소식을 믿으십시오.^{마가1:15}

여기서 '뉘우치라'는 '하나님께 돌아오라'를 뜻한다. 또는 '하나님의 아들딸이라는 자기 본래 자리로 되돌아오라'를 뜻한다.

많은 사람들은 예수의 첫 말씀을 다음과 같이 읽는다.

> 뉘우치고 하나님께 돌아온다면 당신은 앞으로 하나님 나라에 들어가게 될 것입니다.

하지만 이것은 예수의 기쁜 소식을 완전히 잘못 이해한 것이다. 원문이 뜻하는 대로 "뉘우치십시오. 하나님 나라가 가까이 왔습니다"를 이해하려면 "뉘우치십시오"와 "하나님 나라가 가까이 왔습니다" 사이에 '왜냐하면'을 넣어야 한다.

하나님께 되돌아오십시오. 왜냐하면 하나님 나라가 가까이 왔기 때문입니다. ^{마태4:17}

실제로 많은 번역본에서 둘 사이에 '왜냐하면'을 넣는다.

또한 '하나님 나라가 가까이 왔다'는 '하나님 나라가 여기에 있다'를 뜻한다. '가까이 왔다'를 '이미 여기 있다'로 옮기는 것이 보다 적절하다. 이렇게 읽지 않을 경우 이 구절은 "제가 하나님의 영을 힘입어 악령을 내쫓는다면 이것은 하나님 나라가 그대들에게 이미 왔다는 것을 보여 줍니다"와 조화를 이룰 수 없다. 결국 예수의 처음 외침은 다음과 같이 읽어야 한다.

> 그대가 본디 있어야 할 자리 하나님 앞으로 되돌아오십시오. 왜냐하면 하나님 나라가 이미 여기에 있기 때문입니다. ^{마태4:17}

> 기다리던 때가 벌써 다 되었습니다. 하나님 나라가 이미 여기에 있습니다. 그러니까 그대가 본디 있어야 할 자리 하나님 앞으로 되돌아오십시오. 하나님 나라가 이미 여기에 있다는 소식은 참된 소식이며 기쁜 소식이니 이 소식을 믿으십시오. ^{마가1:15}

이제 우리는 예수의 기쁜 소식을 "뉘우치고 하나님께 돌아온다면 당신은 앞으로 하나님 나라에 들어가게 될 것입니다"라고 해석하는 것이 완전히 잘못되었다는 것을 알게 된다.

예수의 기쁜 소식은 뉘우치고 예수 믿으면 언젠가 천당에 가게 될 것이라는 소식이 아니다. 앞으로 계속 기다려야 한다는 소식은 그다지 기쁘지 않다. 예수 믿지 않으면 지옥에 간다는 협박도 아니다. 지옥에 대한 소식은 기쁘기는

커녕 무섭다. 만일 기독교의 복음이라는 것이 특정 교리를 믿지 않으면 지옥 간다는 소식이라면, 그것이 어떻게 기쁜 소식일 수 있는가? 예수는 자신의 기쁜 소식을 그런 방식으로 결코 묘사하지 않았다. 예수는 '천국'도 '천당'도 말한 적이 없다.

예수의 기쁜 소식을 왜곡하는 낱말들 가운데 가장 나쁜 것은 '천당'이라는 낱말이다. '천당'은 흔히들 '천국'과 비슷한 말로 생각한다. '천당'은 성경에 단 한 번도 나오지 않는다. 그럼에도 불구하고 예수의 메시지가 '천당'에 관한 메시지인 것으로 아는 사람들이 매우 많다. 많은 사람들이 '죽었다'는 뜻으로 '하늘나라에 갔다', '천국에 갔다', '천당에 갔다' 등의 말을 쓴다. 이런 용례에서 '천당', '천국', '하늘나라'는 모두 같은 뜻이다. 하지만 예수는 '하늘나라'나 '천국'이란 표현을 사용한 적이 없다. 이것은 마태가 사용한 말이다. 예수는 '하늘나라'가 아니라 '하나님 나라'를 말했다. 마태가 '천국'이라는 말로 나타내고자 한 것은 '천당'과 완전히 다르다.

한국 사람들이 즐겨 쓰는 '천당'과 비슷한 말이 있다면 그것은 '낙원'이다. 예수는 십자가에 함께 매달린 옆 사람에게 이렇게 말한다.

> 참말로 그대에게 말씀 드립니다. 그대는 오늘 저와 함께 낙원에 있을 것입니다. 누가23:43

하지만 여기 나오는 '낙원'은 '하나님 나라'와 같은 뜻으로 쓰이지 않았다.

'낙원'과 비슷한 말은 오히려 요한계시록에 나오는 '하나님의 집', '하나님의 도시', '거룩한 도시', '새 예루살렘' 등이다.

> 나는 새 하늘과 새 땅을 보았습니다. 처음 하늘과 땅이 사라지고 바다도 사라

졌습니다. 나는 또 거룩한 도시 새 예루살렘이 하나님으로부터 하늘에서 내려오는 것을 보았습니다.^{계시록21:1~2}

하나님의 집이 이제 사람들 가운데 있다. 하나님께서 그들과 함께 계실 것이요, 그들은 하나님의 사람들이 될 것이다. 하나님께서는 그들을 자기 집에 들여 함께 살 것이다. 하나님께서는 그들의 눈에서 모든 눈물을 닦아 주실 것이니, 다시는 죽음이 없고, 슬픔도 울부짖음도 아픔도 없을 것이다. 옛것들이 모두 영원히 사라져 버렸기 때문이다.^{계시록21:3~4}

하지만 예수의 기쁜 소식은 요한계시록에 묘사된 이와 같은 새 예루살렘에 관한 소식이 아니다.

요한계시록은 최후의 심판에 관한 책이다. 최후의 심판이란 하나님 나라의 최종 사법권이 집행되는 것을 말한다. 하지만 예수의 기쁜 소식은 최후의 심판에 관한 소식이 아니다. 예수가 이야기하는 하나님 나라는 최후의 심판 이야기가 아니다. 하나님 나라와 최후의 심판 사이의 차이는 분명하다. 하나님 나라는 이미 여기에 왔지만 최후의 심판은 아직 일어나지 않았다. 예수는 하나님 나라의 활동을 요한계시록에 계시된 마지막 심판과 전혀 다른 방식으로 묘사한다.

물론 복음서에도 최후의 심판에 관한 구절이 더러 나온다. 이 구절들과 하나님 나라에 관한 구절을 혼동하면 안 된다. 다음과 같은 구절을 읽어 보자.

그대들은 곧 사람의 아들이 모든 권력을 잡고 힘 있는 자리에 앉아 있는 것을 보게 될 것입니다. 그리고 그가 하늘 구름을 타고 오는 것을 보게 될 것입니다.^{마태26:64}

새 세상에서 사람의 아들이 영광스러운 임금 자리에 앉을 때에, 저를 따라온 그대들도 열두 자리에 앉아서 이스라엘 열두 지파를 심판할 것을 약속드립니다. 마태19:28

여기서 '사람의 아들' 또는 '인자'는 예수 자신을 가리킨다. 이 구절들은 "예수가 다시 오는 때와 세상 끝 날" 마태24:3에 관한 묘사이다.

많은 기독교인들이 예수의 다시 오심을 기다린다. 하지만 기독교의 본질은 예수가 다시 오는 것을 고대하는 신앙이 아니다. 예수가 다시 오는 것에 초점이 맞추어진 신앙 행태는 예수의 기쁜 소식을 잘못 이해한 데서 나왔다. 예수의 기쁜 소식은 자신이 다시 오는 때와 세상 끝 날에 관한 소식이 아니다. 예수의 기쁜 소식은 심판의 날이나 역사의 끝에 관한 이야기가 아니다.

예수는 하나님 나라가 지금 여기 이 땅에 왔다는 소식을 우리에게 전하고 있다. 그는 가장 탁월한 정치, 최고의 정의가 지금 이 땅에 힘을 발휘하고 있다고 말하고 있다.

기다리던 때가 벌써 다 되었습니다. 가장 좋은 다스림이 이미 여기에 있습니다. 그러니까 그대가 본디 있어야 할 자리, 이 다스림 안으로 되돌아오십시오. 가장 좋은 다스림이 이미 여기에 있다는 소식은 참된 소식이며 기쁜 소식이니 이 소식을 믿으십시오.

4

더 센 힘으로, 사람들을 해방시킨다

예수는 아픈 사람을 고치는 일이 하나님의 힘을 빌린 것이라고 말한다. 그는 그 일이 하나님의 다스림이 지금 여기서 벌어지고 있음을 보여주는 증거라고 말한다. "제가 하나님의 영을 힘입어 악령을 내쫓는다면 이것은 하나님 나라가 그대들에게 이미 왔다는 것을 보여 줍니다."마태12:28 이렇게 말한 다음에 그는 야릇한 말을 덧붙인다.

> 먼저 힘센 사람을 묶어 놓지 않고, 어떻게 그 사람의 집에 들어가서 살림을 털어 갈 수 있겠습니까? 그를 묶어 놓은 뒤에야 그 집을 털어 갈 것입니다.마태 12:29

예수의 이 말을 뜻풀이하는 데 많은 해석자들이 애를 먹고 있다.

마가의 기록3:27은 이와 거의 똑같고 누가의 기록도 이와 많이 다르지 않다.

> 힘센 사람이 스스로 무기를 갖추고 자기 집을 지키고 있는 때는 그가 가진 모

든 것이 안전합니다. 하지만 그보다 더 힘센 사람이 달려들어서 그를 이기게 되면 그가 믿고 있던 무기를 모두 벗겨 낼 것입니다. 그런 다음 그에게 훔친 것을 다른 이와 나누어 갖습니다. 누가11:21~22

이처럼 예수는 아픈 사람을 고치는 일을 집을 터는 강도짓에 비유한다. 이 비유를 통해 그는 무엇을 말하고자 했는가?

힘이 센 집주인이 무기를 들고 자기 물건을 지키고 있다. 이 집을 털려면 어떻게 해야 하는가? 먼저 집주인과 싸워 그를 이겨야 한다. 그의 무기를 모두 빼앗고 그를 묶어 두어야 한다. 그렇게 해야 그의 물건들을 완전히 털어 갈 수 있다. 그렇다면 집주인과 싸워 그를 이기는 길은 무엇인가? 예수의 답변은 간단하다. 그 집주인보다 힘이 더 세다면 그를 이길 수 있다.

앓는 사람을 고치는 것, 악령에 사로잡힌 사람을 구해 내는 것, 억눌린 사람을 풀어 주는 일도 이와 비슷하다. 병균보다 더 강한 약을 주고, 악령보다 더 강한 건강한 영혼이 들어서게 하고, 억누르는 사람보다 더 강한 구원의 힘을 행사해야 한다. 예수는 자기 자신이 더 강한 힘을 갖고 그것을 이루어 내고 있다고 말하고 있다. 누구의 힘으로? 바로 성스러운 영혼의 힘으로.

예수는 자신의 힘이 가장 착하고 가장 정의로운 마음에서 나온 것이라고 말하고 있다. 이런 힘을 갖고 아픈 사람을 고치고, 악령에 사로잡힌 사람을 구하고, 억눌린 사람을 풀어 준다면, 이것은 하나님 나라가 이미 우리들에게 왔다는 것을 보여 준다는 것이다. 바로 이것이 예수가 말하는 기쁜 소식이다. 우리를 고치고 보살피고 풀어 주는 강력한 해방의 힘이 지금 여기 이 땅에서 예수 자신을 통해 행사되고 있다!

보잘것없는 식민지 팔레스타인의 촌뜨기 청년 예수는 자신을 가장 정의로운 정부의 행정 수반으로 자리매김했다. 그는 "주 하나님의 영이 나를 사로잡았다. 주께서 나를 골라 보내었다. 억눌린 사람들에게 기쁜 소식을 말하게 했으며, 마음 다친 사람을 싸매어 주게 했으며, 갇힌 자와 잡힌 자에게 풀려남을 알리게 했다"는 이사야서 말씀을 지금 실현시키는 자로서 자기 자신을 인식했다. "이 성경 말씀이 그대들이 듣는 가운데 오늘 이루어졌습니다!"^{누가4:21}

하나님 나라란 무엇인가? 그것은 가장 정의로운 정치로 사람들을 살리고 고치고 풀어 주고 보살피는 해방의 강한 힘이다. 그것은 억압하는 그 어떤 다른 힘보다 더 강하다는 점에서 하나님의 힘이다. 그것은 그 어떤 정치보다 더 정의롭고 착하다는 점에서 하나님의 정치이다. 바로 이러한 하나님 나라가 지금 이 땅에서 펼쳐지고 있다. 그러니 기뻐하라. 그러니 그대가 원래 있어야 할 자리로 되돌아오라. "기다리던 때가 벌써 다 되었습니다. 하나님 나라가 이미 여기에 있습니다. 그러니까 그대가 본디 있어야 할 자리 하나님 앞으로 되돌아오십시오. 이 소식은 참된 소식이며 기쁜 소식이니 이 소식을 믿으십시오."^{마가1:15}

하나님의 다스림은 늘 있어 왔던 것이 아닌가? 하지만 예수는 자기의 활동이 매우 특별한 현상이라고 말한다. 예수는 자신의 출현과 함께 새로운 시대가 열렸다고 생각했다. 자기 이전에 활동한 세례자 요한까지는 모세의 율법과 예언자의 책이 지배하는 시대였다. 요한 이전까지 인간 역사는 율법과 예언의 시대였다. 이 시대에는 하나님을 믿는 자들은 종교 의식에 참가해야 했으며, 관례와 규칙을 지키고 미래에 나타날 일들을 기다려야 했다. 하지만 예수는 그런 시대가 이제 끝났다고 말하고 있다.

예수는 자신을 의심하기도 했던 세례자 요한을 높이 평가하면서 다음과 같이 말한다.

세례자 요한 때부터 지금까지는 사나운 사람들이 힘으로 하나님 나라를 차지

하려고 애쓰고 있습니다. ^{마태11:12}

세례자 요한 때까지는 사람들은 모세의 율법과 예언자의 책을 따랐습니다.
하나님 나라의 소식이 알려진 뒤로는 모든 사람들이 그 나라에 사납게 밀고
들어옵니다. ^{누가16:16}

이 구절은 매우 이해하기 어려운 구절로 알려져 있지만 이제 그 뜻이 조금씩
와 닿는다.

　요한은 예수의 기쁜 소식을 알지 못한 채 활동했다. 요한이 옥에 갇힌 후 예
수가 활동을 시작했고 기쁜 소식이 억눌리고 낮고 가난한 사람들에게 알려지
기 시작했다. 예수는 "억눌린 사람이 기쁜 소식을 듣는다"^{마태11:5}는 사실을 자기
활동의 핵심 징표로 간주했다. "세례자 요한 때까지는 사람들은 모세의 율법
과 예언자의 책을 따랐습니다"라는 말에는 예수가 자신의 위치를 어디에 두고
있는지 잘 드러나 있다.

　기쁜 소식이 사람들에게 알려지기 전과 후의 차이는 세례자 요한에 대한 예
수의 평가에서도 나타나 있다. "여태 태어난 사람들 가운데서 세례자 요한보
다 더 높은 사람은 없었습니다. 하지만 하나님 나라에서는 아무리 낮은 이라
도 요한보다 더 높습니다."^{마태11:11} 가장 정의로운 정치가 펼쳐지는 곳에서는 그
어떤 사람도 요한보다 더 높다. 그 차이는 무엇인가? 요한이 아무리 위대하다
해도 그는 율법과 예언에 따라 살았을 뿐이다. 그는 참된 해방을 맛보지 못했
다. 하지만 하나님 나라에서 사람들은 오직 기쁜 소식만으로 해방을 얻는다.

　가장 정의로운 정치는 사람들에게 복종과 헌신과 의무를 먼저 요구하지 않
는다. 오히려 해방하는 힘으로 사람들을 하나님 나라 안으로 열렬히 끌어들인
다. 예수의 메시지가 기쁜 소식이 되는 이유는 바로 여기에 있다. 사람들을 하

나님 나라 안으로 거세게 끌어당기기 때문에 사람들은 하나님 나라 안으로 거세게 밀어닥친다. 이것이 "하나님 나라의 소식이 알려진 뒤로는 모든 사람들이 그 나라에 사납게 밀고 들어옵니다"가 뜻하는 것이다. 또한 이것이 "사나운 사람들이 힘으로 하나님 나라를 차지하려고 애쓰고 있습니다"가 뜻하는 바이다.

가장 정의로운 정치가 지금 펼쳐진다는 소식이 사람들에게 알려진 다음에 무슨 일이 벌어지는가? 사람들이 가장 정의로운 정치를 받으려고 사납게 밀고 들어간다. 사람들이 가장 정의로운 정치의 혜택을 보려고 격렬하게 애쓰고 있다. 그 나라에 서로 들어가려고 몸싸움을 한다. 하지만 이 표현은 약간 모호한 구석이 있다. 예수의 다른 말씀과 어울리는 방식으로 해석하면 다음과 같이 바꾸어 쓸 수 있다.

> 가장 정의로운 다스림이 이미 여기에 펼쳐져 있습니다. 이 소식은 참된 소식이며 기쁜 소식이니 이 소식을 믿으십시오. 그 다스림이 지금 행정력을 발휘하여 가난하고 낮고 억눌린 사람들을 그 다스림이 미치는 영역으로 억지로 밀어 넣고 있습니다.

하나님 나라 공권력이 사람들을 그 나라 시민으로 불러 모으는 데 지금 동원되고 있다. 그 힘이 지금 여기 이 땅에서 작용하고 있다. 그것은 억누르는 사람에게는 나쁜 소식일지 몰라도 억눌린 사람들에게는 기쁜 소식이다.

이제 우리는 하나님께 가까이 가기 위해, 구원을 받기 위해, 해방되기 위해, 참사람이 되기 위해, 정의로운 사람이 되기 위해, 아름다운 사람이 되기 위해, 더 이상 율법에 의존할 필요가 없다. 다만 해방의 힘이 이 우주에 지금 작동되고 있다는 소식을 기쁘게 받아들이는 것으로 충분하다. 가장 정의로운 다스림이 수동 상태에 있다가 이제 예수를 통해 능동 상태로 변환하고 있다. 가장 정의로운 정치가 눈을 뜨고 활발하게 활동하기 시작했다.

지금 펼쳐지는 그 나라 공권력은 사람들을 지배하거나 심판하는 데 동원되지 않는다. 예수가 시작한 하나님 나라의 통치 목적은 사람들을 해방하는 것이다. 예수 자신은 그 나라의 행정 수반으로서 인질 구출 작전, 포로 석방 작전을 진행 중이다. 억누르는 이들보다 더 센 힘으로 억눌린 이들을 해방시키고 있다.

5

그의 기다림, 달려감, 포옹, 입맞춤

예수는 세리, 불가촉천민, 창녀 등과 함께 밥을 먹었다. 이는 식탁에 앉아 수저를 들고 서로 떨어져 고상하게 밥을 먹는 것을 뜻하지 않는다. 그 시대 그 지역에서 함께 밥을 먹는다는 것은 서로 어깨를 맞대고 기대어 빵을 뜯어먹는 것을 말한다. 보통 세리, 불가촉천민, 창녀는 '죄인'이라 불린다. 왜 이들은 죄를 지은 사람인가?

세리는 세금 징수원인데 이들은 로마제국의 앞잡이 노릇을 한다. 팔레스타인 지역은 로마의 식민지였기 때문에 로마 총독은 지역 거주민들에게 세금을 거두어들인다. 하지만 세금 징수원은 로마 시민권을 가진 관료가 아니라 지역 거주민을 고용한다. '세금 징수 청부인'은 세금을 거둘 수 있는 권한을 가진 사람인데 이들은 다시 '세금 모금책'을 고용한다. 세리는 이들 세금 모금책에 해당한다. 이들 세리는 별도 삯을 받는 것이 아니라 징수해야 할 세금보다 약간 더 많이 걷어 생계를 유지한다. 이러한 세금 모금책이 일하는 방식은 욕을 듣는 일이고 압제자 편에서 동포를 괴롭히는 '앞잡이'로 간주된다.

불가촉천민으로 분류되는 사람들은 목동, 가죽을 다듬는 무두장이, 소돼지를 잡는 백장 등이 있다. 이들이 죄인인 이유는 똥, 오줌, 피, 시체 등을 만지기 때문이다. 이것을 만지는 것이 왜 죄인인가? 율법에 규정된 정결 및 청결 의식과는 멀리 떨어진 삶을 살기 때문이다. 이것은 당시 종교 자체가 만들어 낸 죄인이다.

그밖에도 농민과 노동자들 가운데 십일조를 내지 않는 사람들도 죄인으로 간주되었다. 당시 보통의 농민들이 내야 하는 세금과 헌금이 35%에 달했다고 한다. 부자에게 35% 세금은 흔하고 견딜 만하다고 말할지 모르겠다. 각종 세금 공제 제도가 있기 때문에 실질 세율이 35%에 이르는 경우는 오늘날에도 흔하지 않다. 그런 경우가 있다 하더라도 연금과 의료보험 등 다른 복지 혜택으로 나중에 환급된다. 하지만 가난한 이들에게 35%의 세금이란 참으로 무거우며 견디기 어렵다.

당시 사회에서 죄인이라 불리는 사람들이 왜 생기게 되었는가? 그것은 정치, 사회, 경제, 문화, 종교의 권력 구조 때문이다. 예수는 왜 이들과 함께 밥을 먹는가? 이들이 죄인이 아니라는 것을 보여 주기 위해서이다. 정의로운 나라는 이들을 더 이상 죄인으로 여기지 않아야 한다. 예수는 하나님 나라에서 이들이 죄인이 아니라는 것을 보여 주고 싶었다.

당대 정치종교의 관점에서 죄인으로 불리는 사람들은 바로 그 정치종교 체제와 권력을 떠받치는 하부 구조와 같다. 그 체제에서 권력을 인정받는 이들은 다른 사람들을 죄인으로 분류하는 이들이다. 예수가 죄인들과 친하게 지내는 일은 권력의 상층부와 갈등을 빚는 일이었다.

당시 바리새파 사람은 율법을 지키는 것이 구원과 해방의 길이라고 믿었다. 그들은 죄인이 되지 않기 위해 자기 삶 전체를 바치는 성실한 종교인이자 율법 근본주의자이다. 그들은 죄인들에게 존경받을 것이다. 서기관이라 불리는 율법학자는 성경에 있는 규칙들을 일상생활에서 일어날 법한 사례들에 적용한다.

　이들 율법학자 또는 윤리학자는 당대 사회 체제를 통해 죄인들이 양산되고 있다는 사실을 인지하지 못했다. 이들은 오히려 죄인 양산 체제를 더욱 튼튼하게 만들었다. 이들은 예수의 활동을 투덜거리며 비난했다.

　이 사람은 죄인을 맞아들이고 심지어 그들과 함께 음식을 먹는구나. 누가15:2

율법 근본주의자와 윤리학자들은 예수의 실천이 몹시도 위험하다는 것을 눈치챘다. 예수의 행위는 당시 정치경제 및 종교 권력 구조 자체를 부정하고 흔들어놓았다. 이들 율법 근본주의자, 율법학자, 종교 지도자, 학자 들은 예수가 무너뜨리고자 하는 바로 그 구조와 체제 위에서 존중받고 인정받았다. 예수는 이들이 존중받는 바로 그 토대와 체제를 흔들어 허물어뜨리고 있었다.

　종교의 기본 패러다임에 따르면 구원은 율법의 준수 속에서, 거룩 속에서, 순결과 청결 속에서 이루어진다. 구원의 삶은 '죄인'들과 멀리 하는 삶이다. 여기서 '죄인'은 정치 · 사회 · 경제 · 문화 · 종교의 권력 구조에서 비롯된 죄인이다. 하지만 예수가 이 땅에 지금 세우고 있는 나라는 그러한 죄인을 양산하는 체제가 아니어야 한다.

　예수는 '죄인'으로 알려진 사람들과 함께 밥 먹는 일이 하나님 나라가 활동하는 방식이라고 말한다. 그 일은 가장 정의로운 국가에서 행정 수반이 해야 하는 통치 행위이다. 단순히 밥 먹는 일 자체가 아니라 '죄인'을 맞아들이는 일이 행정 수반의 통치 행위라는 말이다. '죄인'은 조롱받고 자신을 부끄러워하며, 정치종교 체제의 하부 구조를 떠받치는 무리이다. 당시 사회에서 세리, 불가촉천민, 창녀, 목동, 가죽을 다듬는 사람, 소돼지를 잡는 사람 등이 여기에 포함된다.

"이 사람은 죄인을 맞아들이고 심지어 그들과 함께 음식을 먹는구나"라는 수군거리는 소리를 듣자 예수는 잃어버린 양 이야기를 들려준다. 목자가 자신의 백 마리 양 가운데 한 마리를 잃으면 "나머지 아흔아홉 마리를 들에 두고 잃은 양을 찾을 때까지 찾아다니듯"누가15:4 그 나라도 잃은 사람들을 애써 찾아다닌다.

> 찾으면 기뻐하며 자기 어깨에 메고 집으로 돌아와서, 벗과 이웃 사람을 불러 모으고, "나와 함께 기뻐해 주십시오. 잃었던 내 양을 찾았습니다" 하고 말할 것입니다.누가15:5-6

죄인들과 같이 밥을 먹는 일은 사람의 본모습에서 멀어진 이들을 찾아 위로하는 그 나라의 행정 활동이다. 이런 활동이 지금 이 땅에서 예수를 통해 강력하게 펼쳐지고 있다. 이런 의미에서 하나님의 다스림이 지금 이 땅에 펼쳐지고 있다.

예수는 죄인과 어울리는 일이 무엇을 뜻하는지 강조하기 위해 '되찾은 드라크마 비유'를 들려준다. 한 여인이 패물로 받은 장신구 동전 열 개 가운데 한 닢을 잃어버리면 "등불을 켜고, 온 집안을 쓸며, 그것을 찾아낼 때까지 샅샅이 뒤지듯이"누가15:8 그 나라도 본모습에서 멀리 떨어져나간 이들이 되돌아오기를 애타게 바란다. 예수는 더욱 강렬한 이야기를 펼친다. 백 마리 가운데 잃어버린 한 마리 어린 양, 열 닢 동전 가운데 잃어버린 한 닢 동전, 그 다음은 두 아이 가운데 떠나버린 한 아이 이야기로 나아간다. 예수는 그 나라가 찾고자 하는 사람들이 자기에게 얼마나 중요한지를 말하고 싶은 것이다.

작은 아이가 아버지의 재산을 미리 물려받고 떠나자 아버지는 떠난 아이가 돌아오기를 문 앞에서 늘 기다리고 있다. 아이는 그만 재산을 모두 써 버리고 비참한 생활을 하다가 아버지께로 돌아가기를 결심하고 마침내 아버지께 돌아왔다. 예수는 이 아버지의 모습을 이렇게 그리고 있다.

> 그가 아직도 먼 거리에 있는데, 그의 아버지가 그를 보고 가엾게 여겨 달려가 그의 목을 껴안고 입을 맞추었습니다.^{누가15:20}

아이가 자기는 아버지의 아이라 불릴 자격이 없다고 말하자 아버지는 종들에게 말한다.

> 어서 좋은 옷을 꺼내 그에게 입히고, 손에 반지를 끼우고, 발에 신을 신겨라. 그리고 살진 송아지를 끌어내어 잡아라. 우리가 먹고 즐기자. 나의 이 아들은 죽었다가 살아났고 내가 잃었다가 되찾았다.^{누가15:22~3}

예수는 자신이 죄인들과 어울리는 일이 이런 아버지의 모습이라고 말한다. 아버지의 이 방식은 곧 하나님 나라가 활동하는 방식이다.

아버지와 어머니는 떠난 아들과 딸이 자기 품에 돌아오기를 문 앞에서 문을 열어 놓고 두 팔을 벌리고 기다리고 있다. 아버지와 어머니는 아이가 문 앞에 이르기 전에 먼저 달려가 그의 목을 껴안고 입을 맞춘다. 떠난 아이가 되돌아오기를 기다리는 아버지와 어머니의 애타는 이 마음이 하나님 나라의 국가 정체성을 말해준다. 하나님 나라는 아버지의 기다림, 그의 달려감, 어머니의 포옹, 그의 입맞춤이다. 예수는 그 나라가 자기 자신의 행위를 통해 지금 실천되고 있다고 말한다. 이것이 바로 예수가 지금 우리에게 전하고 있는 기쁜 소식이다.

하나님 곁에서 멀어진 모든 억눌리고 낮고 가난한 자들이여, 가여운 자들이여, 버림받은 영혼들이여, 주저하지 말고 하늘 아버지 품으로 돌아오십시오! 왜냐하면 그가 문 앞에서 문을 열어 놓고 두 팔을 벌리고 그대를 애타게 기다리고 있기 때문입니다. 아무것도 필요 없습니다. 그냥 오기만 하면 됩니다. 그대는 이미 죄인이 아닙니다. 그대는 이미 해방된 존재입니다.

6
억지로, 잔치 마당을 채우다

예수는 자주 죄인들과 어울려 밥을 먹었다. 그는 이것이 그 나라가 활동하는 방식이라고 말한다. 나아가 그는 하나님 나라를 축제 또는 잔치에 자주 비유한다.

> 하나님 나라는 임금이 자기 아들을 위해 혼인 잔치를 베풀 때 일어난 일에 비길 수 있습니다. ^{마태22:2}

이를 '혼인 잔치 비유'라 부르는데 이것은 하나님 나라에 대한 비유이다.

임금이 베푼 혼인 잔치에 무슨 일이 일어난 것일까? 초대장을 받은 사람들이 아무도 혼인 잔치에 오지 않았다. 이것은 일어나기 어려운 일이다. 임금이 힘이 없거나 임금이 초대장을 보냈다는 것을 몰랐거나. 임금은 명령한다. "초대받은 사람들에게 가서, 어서 잔치에 오시라고 하여라. 황소와 살진 짐승을 잡아 음식을 다 차렸고, 잔치 준비를 모두 마쳤다고 하라." ^{마태22:4}

초대받은 사람들은 여전히 오지 않았다. 차려 놓은 음식이 식어가고 있다.

밭에 일하러 가고 시장에 물건을 팔러 가고, 심지어 임금의 신하들을 모욕하고 죽이기까지 했다. 정말 일어나기 어려운 일이다. 예수는 전혀 그럴듯하지 않은 이야기를 만들어 내고 있다. 임금은 다시 명령한다.

> 혼인 잔치를 할 시간인데 초대받은 사람들은 올 자격이 없다. 너희는 네거리로 나가서 아무나 만나는 대로 잔치에 청해 오너라.^{마태22:8-9}

> 어서 시내의 거리와 골목으로 나가서 가난한 사람들과 지체에 장애가 있는 사람들과 눈먼 사람들과 다리 저는 사람들을 이리로 데려 오너라.^{누가14:21}

나아가 임금은 잔치 자리에 빈자리가 없어질 때까지 "큰길과 산울타리로 나가서, 사람들을 억지로라도 데려다가 내 집을 채워라"^{누가14:23} 하고 명령한다. 이윽고 "종들은 거리로 나아가 착한 사람이나 못된 사람이나 만나는 대로 다 데려왔습니다. 그래서 혼인 잔치 자리는 손님으로 가득 차게 되었습니다."^{마태22:10} 예수는 이 이상한 혼인 잔치에서 벌어진 일이 하나님 나라의 모습과 같다고 말하고 있다.

우리는 이 비유 속에서 두 가지 요소를 발견할 수 있다. 첫째, 잔치 준비는 모두 마쳤다. 다시 말해 모든 것이 지금 마련되어 있다. 준비가 다 되었다면 이제 남은 것은 손님들이 와서 잔치를 즐기는 것뿐이다. 둘째, 처음에 초대받은 사람들은 초대를 거절했다. 나중에 초대받은 손님들이 잔치에 몰려들어 잔칫집을 가득 채웠다.

임금의 혼인 잔치는 앞으로 베풀어질 예정이 아니라 이미 차려져 있다. 이 비유는 언젠가 모든 사람들을 위한 거대한 잔치가 열릴 예정이라는 것을 말하고 있지 않다. 오히려 하나님 나라의 잔치가 지금 어딘가에서 벌어지고 있다는 것을 말하고 있다. 이 비유는 현재 잔치 자리에 와 있지 않은 사람들에게 말한다. "잔치 준비는 모두 마쳤고 초대장은 이미 그대들에게 보내졌습니다. 하지만 그대들은 그 초대에 응하지 않았습니다!"

예수의 이 비유에는 미묘한 긴장이 들어 있다. 율법 근본주의자들과 당시 율법학자들은 예수가 죄인들과 어깨를 기대고 밥 먹는 일에서 정치종교 체제를 부정하는 모습을 발견했다. 그들은 예수가 마련한 잔치 자리에 자신들이 함께하지 않고 있다는 것을 스스로 잘 알고 있다. 그들은 자신들이 혼인 잔치 비유에서 그 잔치 초대에 응하지 않은 사람이라는 것을 직감할 수 있다.

기존 정치종교 체제에서 버림받은 사람들이 예수와 함께 어울리면서 가장 정의로운 정치를 체험하고 있을 때, 율법 근본주의자들과 율법학자들은 오히려 예수의 행동을 경멸하고 있었다. 한쪽이 예수와 함께 즐기는 밥상 만남을 기쁘게 받아들일 때 다른 쪽은 그것을 기분 나쁘게 받아들였다. 한쪽은 초대를 받아들이고 다른 쪽은 거절했다. 이것은 하나님 나라가 점차 반대에 부딪힐 것이라는 점을 예고하고 있다. 이제 그 나라의 행정 수반은 가장 정의로운 정치에 반대하는 거대한 반동에 직면하게 될 것이다.

예수는 가장 정의로운 정치가 지금 이 땅에서 시작되고 있다는 사실을 알리기 위해 이 마을 저 마을 돌아다닌다. 억눌린 사람들은 그 소식을 기쁘게 받아들인다. 하지만 그것을 믿지 않거나 기분 나쁘게 듣는 사람들이 여전히 많다. 이 비유에서 말하고 있듯이, 많은 사람들이 잔치가 이미 시작되었다는 것에 전혀 관심을 기울이지 않는다. "초대받은 사람들은 그 말을 들은 척도 하지 않고, 저마다 제 갈 곳으로 떠나갔습니다. 한 사람은 자기 밭으로 가고, 한 사람은 장사하러 갔습니다."^{마태22:5}

율법 근본주의자들은 하나님 나라가 지금 시작되고 있다는 점을 믿으려 하지 않았다. 그 때문에 그들은 하나님 나라가 미래 어느 시점에 올지를 탐구할 뿐이다. 그들은 억눌리고 따돌림 받는 사람들과 매일 잔치를 여는 예수의 활동이 무엇을 뜻하는지 전혀 알지 못한다. 당대 정치종교 체제에서 안정을 누리는 사람들은 낮고 억눌린 사람들이 예수를 통해 하나님 나라를 몸소 체험할 때 오히려 불안을 느낀다.

혼인 잔치에 정식으로 초청된 손님들이 아무도 잔치 자리에 참석하지 않자, 잔치를 베푼 임금은 동네 골목 구석구석을 찾아가 가난한 사람들, 눈먼 사람들, 다리 저는 사람들, 착한 사람들, 못된 사람들을 "아무나 만나는 대로" "억지로라도 데려다가" 자신의 잔치 마당을 채우게 했다. 임금이 손님을 강제 동원하여 혼인 잔치 자리는 마침내 손님들로 가득 차게 된다. 이것은 정의로운 정치가 행정력을 발휘하여 사람들을 그 정치 영역으로 사납게 밀어 넣고 있다는 사실을 달리 표현한 것이다. 이것은 또한 떠난 아이가 되돌아오기를 애타게 기다리는 아버지의 마음을 달리 표현한 것이다.

혼인 잔치 비유는 흐뭇한 이야기만 있는 것이 아니다. 하나님 나라가 사람들을 심판하는 장면도 나온다. 임금은 처음 초대에 응하지 않고 임금의 전령을 죽인 마을을 불사른다.^{마태22:7} 예수의 하나님 나라 이야기에는 때때로 두 가지 다른 이야기가 나온다. 하나는 사람들을 해방의 공간으로 모아들이는 이야기이다. 다른 하나는 사람들을 정의의 공간에 바로 세우기 위해 가리는 이야기이다. 사람을 가리는 심판 이야기는 너무 강렬해서 우리 머릿속에 이 이야기만 남고, 사람들을 모으는 해방 이야기는 잊게 된다. 심판 이야기에 주목할 때 예수의 핵심 메시지가 해방 이야기에 담겨 있다는 사실을 놓친다. 혼인 잔치 비유의 경우에도 예외가 아니다.

잔치를 베푼 임금이 손님들을 보기 위해 잔치 식장에 입장한다. 이 장면은 심판의 때와 연관되어 있다. 임금이 식장에 들어왔을 때 그는 예복을 입지 않은 사람을 발견한다. 임금은 그 사람에게 "친구여"라고 부르며 부드럽게 질문

한다. "친구여, 어찌하여 결혼식에 맞는 예복을 입지 않고 여기 들어왔는가?"^마 ^{태22:12} 여기서 '예복'이란 화려한 옷이 아니라 단지 특별한 때를 위해 준비된 깨끗한 옷을 뜻한다. 임금의 질문에 그 사람은 아무런 말도 하지 못한다.

이 이야기는 우리를 몹시 어리둥절하게 한다. 왜냐하면 잔치에 온 대부분의 사람들은 이제 막 거리에서 억지로 끌려온 사람들이기 때문이다. 이것은 혼인 잔치 자리에 들어오기 전에 행사 주최 측에서 예복을 미리 마련하여 나누어 주었다는 것을 말해 준다. 따라서 예복을 갖춰 입지 못한 사람은 예복이 없어 예복을 '못' 입었거나, 거리에서 급히 오느라 예복을 갈아입을 시간이 없어 예복을 '못' 입었던 것이 아니다. 그는 오히려 아마도 예식장 입구에서 배급되는 예복을 거부했으며 그것을 '안' 입었을 것이다. 자리에 어울리는 옷을 갈아입지 않고 잔치에 참석한 그의 행동은 임금과 잔치와 다른 손님들을 모욕하는 것이었다. 결국 그는 잔치 밖으로 내쫓긴다.

이 비유는 기쁜 소식과 기분 나쁜 소식이 함께 섞여 있다. 어떤 사람들은 기쁜 소식으로 듣고 어떤 사람들은 기분 나쁜 소식으로 들을 것이다. 이 비유를 기쁜 소식으로 듣는 사람들은 이 비유 속에 담긴 가장 정의로운 정치를 지금 여기서 맛볼 수 있다. 예수와 함께 밥을 먹던 가난하고 억눌리고 따돌림 받던 이들은 가장 정의로운 나라에서 당당한 시민으로 대우받고 그 나라의 해방 활동에 기꺼이 참여한다. 이것이 이 비유를 기쁜 소식으로 받아들이는 사람들의 모습이다.

하지만 예수의 이 비유를 나쁜 소식으로 받아들이는 사람들은 이 비유가 자기 권력의 기반과 기존 삶의 양식을 위협하고 있다는 것을 감지한다. 권력과 명예와 돈을 많이 갖고 있는 사람일수록 예수의 축하 잔치는 자기의 존재 기반을 위태롭게 하는 도전으로 다가온다. 그들의 실존, 삶의 스타일, 그들의 정치종교 체제는 하나님 나라의 행정 조치들과 점차 적대 관계에 놓이게 될 것이다. 예수의 활동을 기분 나쁘게 받아들이는 사람들은 가장 정의로운 정치에 반기를 들게 될 것이다. '예복을 입지 않는 사람'은 바로 이런 사람을 염두에 둔 표현인지 모른다.

7

온갖, 차별 없이, 보다 많이

임금의 혼인 잔치 자리는 착한 사람과 못된 사람을 구별하지 않고, 네거리와 골목과 산길에서 만난 아무 사람들로 채워졌다. 예수는 이 일이 하나님 나라가 작동하는 방식이라고 말한다. 하나님 나라는 이 나라에 들어오는 이들이 가난하든, 신체 결함이 있든, 도덕적으로 흠이 있든 상관하지 않는다. 왜 그 나라는 닥치는 대로 사람들을 모으며 모든 이들을 조건 없이 환대하는가? 이것은 정의로운 정치와 그렇지 못한 정치의 차이를 보여 주는가?

예수의 개념에 따르면 가장 정의로운 정치는 타자에 대해 가장 넓은 개방성을 보여야 한다. 좁게 개방할수록 그것은 나쁜 정치이거나 나쁜 국가 체제이다. 예수는 하나님 나라의 무한한 개방성을, 그물로 온갖 것들을 뭍으로 끌어 올리는 일에 비유한다.

하나님 나라는 바다에 그물을 던져서 온갖 것을 잡아 올리는 일에 비길 수 있습니다. 그물이 가득 차면 어부들은 그물을 해변에 끌어 올려놓고 앉아서 올라온 것들을 가릅니다. 좋은 것들은 그릇에 담고 나쁜 것들은 내버립니다.^{마태}

예수가 이 비유를 빌려 말하고자 하는 것이 잘 들리는가?

이 비유를 들으면서 우리는 바다, 물고기, 그물을 상상한다. 바다는 세상을, 바다 속 물고기들은 사람들을 뜻한다. 그물 또는 그물을 끌어올리는 일은 하나님 나라의 행정력을 말한다. 그물을 통해 물고기를 끌어올리는 행위는 가난하고 억눌리고 따돌림 받고 잃어버린 사람들을 해방시키는 행위를 뜻한다. 이 짧은 비유에 예수가 전하고자 했던 기쁜 소식의 핵심이 담겨 있다. 하나님 나라는 그물이 물고기를 끌어 모으듯, 세상 속에서 예수 자신을 통해 사람들을 모으고 해방하는 활동을 펼치고 있다.

예수의 그물 비유에는 겉보기와 달리 보다 놀라운 이야기가 담겨 있다. 신약성경에는 '그물'이라는 낱말이 모두 13번 나온다. 하지만 이 모두가 같은 낱말은 아니다. 신약에 나오는 '그물'은 두 가지이다. 하나는 그리스어로 '딕튀온'이고 다른 하나는 '사게네'이다. 사게네는 신약성경에 딱 한 번만 나오며 바로 이 그물 비유에만 나온다. 이것은 사게네가 매우 독특한 그물이라는 것을 말해 준다.

예수는 매우 독특한 그물을 자신의 이야기에 끌어들였다. 다시 말해 그물 비유는 메시지 전달을 위해 예수 스스로가 정교하게 고안한 이야기이다. 사게네는 바다나 강의 밑바닥을 쓸면서 차별 없이 모든 것들을 끌어올리는 그물이다. 우리말로 '후릿그물'이나 '쓰레그물' 또는 '홅이그물'로 옮길 수 있다. 예수의 이 비유에 나오는 그물에 가장 가까운 것은 후릿그물인 듯하다. 비유에서 어부는 그물을 배 위로 끌어올리는 것이 아니라 해변 또는 강가에 끌어올린다.

또한 이 비유에서 '고기'나 '물고기'에 해당하는 낱말은 나오지 않는다. 이 비유에 나오는 그물은 그냥 '온갖 것'을 끌어올릴 뿐이다. 실제로 후릿그물은 물고기뿐만 아니라 온갖 것들을 끌어올린다. 비유에서 '좋은 것'과 '나쁜 것'은 '좋은 물고기'와 '나쁜 물고기'를 말하는 것이 아니다. 그것은 '먹을 수 있는 것'과 '먹을 수 없는 것'을 말한다. 후릿그물에 걸려 올라오는 것에는 조개, 해초, 돌, 쓰레기 등도 포함되어 있다. 이 비유의 앞부분은 다음과 같이 옮기는 것이 원문에 더 충실하다.

> 하나님 나라는 바다에 후릿그물을 던져서 온갖 것을 끌어 올리는 일에 비길 수 있습니다. 후릿그물이 가득 차면 어부들은 그물을 해변에 끌어 올려놓고 앉아서 올라온 것들을 가릅니다. 먹을 수 있는 것은 그릇에 담고 먹을 수 없는 것들은 내버립니다. 마태13:47~48

후릿그물로 먹을 수 있는 것뿐만 아니라 온갖 잡동사니까지 뭍으로 끌어올리는 일이 왜 하나님 나라의 방식과 비슷한가?

가장 정의로운 나라의 공권력은 억눌린 사람들에게 자유를 주고 가난하고 아픈 사람들을 보살피는 일에 매진한다. 후릿그물 비유에서 이 일은 '끌어올리는 일'에 빗대어 있다. 왜 하필이면 후릿그물을 써서 끌어올려야 하는가? 가장 정의로운 나라는 가능한 최대의 보편 복지를 펼쳐야 한다는 것을 말해 주고 있다. 그 나라의 혜택을 받는 사람들은 제한되지 않는다. 그 나라는 온갖 것들을 끌어올린다. 그 나라는 온갖 사람과 온갖 생명을 해방시키기를 원한다. 온갖 것들이 본모습을 되찾기를 바란다. 만물이 가장 멋있게 어울리는 모습으로, 가장 아름다운 모습으로 되돌아가기를 바란다.

이것은 예수가 왜 온갖 사람들과 어울려야 했는지를 잘 말해 주고 있다. 예수는 자기 자신을 그 나라의 행정 수반으로 여겼다. 그는 죄인들과 함께 어깨를 기대고 밥 먹는 일을 그 나라의 통치 행위로 여겼다. 예수는 가장 정의로운 정치가 지금 여기서 펼쳐지고 있다는 소식을 온갖 사람들이 기쁘게 받아들이기를 바랐다. 우리는 여기서 그 나라의 본모습을 알 수 있다. 그 나라가 지금 여기에서 활동하는 방식은 사람들을 엄선하거나 분류하는 방식이 아니다. 그 나라는 계급과 등급과 신분에 따라 사람들을 차별하지 않는다. 예수와 함께 예수를 통해 이 땅에 들어온 가장 정의로운 정치는 온갖 것들에게 해방을 선사해야 한다.

예수는 결코 하나님을 직접 묘사하지 않는다. 예수는 만물을 해방하는 통치 행위를 통해서 하나님을 묘사한다. 해방이 있는 곳에, 정의로운 정치가 펼쳐지는 곳에 하나님의 다스림이 있다. 하지만 율법 근본주의자들은 하나님을 다른 방식으로 인식한다. 그들은 오직 의인들의 무리 속에서만 하나님이 나타난다고 믿었다. 그들은 사람들이 의롭게 될 때 비로소 하나님의 다스림이 시작된다고 믿었다. 하나님이 이곳에 오시도록 그들은 열렬히 의인이 되기 위해 노력했다.

하지만 율법 근본주의자들의 이러한 열정은 오히려 많은 사람들을 죄인들로 만드는 결과를 낳았다. 그 열정은 정치종교 체제의 권력 욕망으로 변질되기 쉬웠다. 그들은 그 체제 내의 하층민을 증가시킴으로써 자기 신분을 높여 나갔다. 세금 징수원, 창녀, 백장, 무두장이, 목동, 노동자, 농민, 병자는 그 체제 아래에서 더욱 억눌리고 더욱 가난해지고 더욱 따돌림 받아야 했다.

따라서 당대 정치종교 복합 체제의 상층부는 예수의 메시지와 활동을 기쁘게 받아들일 수 없었다. 그들은 예수가 어중이떠중이들과 어울리는 일을 하나님 나라가 이 땅에서 지금 펼쳐지고 있다는 증거로 여기지 않았다. 정확히 말해 그들은 그것을 볼 능력이 없었다. 오히려 그런 일들은 예수가 메시아가 아니라는 증거가 되었다. 예수는 자신이 어중이떠중이들과 어울리는 일이 많은 종교인들에게 스캔들로 여겨질 것이라고 이미 예상했다. "제가 그대에게 스캔들이 되지 않는다면 다행입니다. 제가 낮은 사람들에게 기쁜 소식을 전하고만 있다는 사실을 스캔들로 여기지 않는 분들에게는 해방이 있을 것입니다."

들판에서 사람들의 뉘우침을 부르짖었던 세례자 요한은 헤로데 안티파스의 감옥에서 예수가 오실 그분인지 의심했다. 왜냐하면 예수는 뉘우친 자들이 아니라 죄인들과 어울리고 있었기 때문이다. 요한이 마음속에 품고 있었던 하나님 나라는 예수가 묘사하고 있는 나라와 달랐다. 로마제국에 대해 저항 운동을 펼쳤던 열혈 투쟁가들도 예수의 활동이 전혀 마음에 들지 않았을 것이다. 당시에 급진 경건운동을 펼쳤던 에세네파들도 죄인들과 먹고 웃고 떠들었던 예수를 비판했을지 모른다. 당시의 거의 모든 정파와 진영과 운동과 공동체는 예수를 반기기 어려웠다. 그들은 예수의 말과 행위에서 예수를 메시아로 여길 만한 단서를 찾을 수 없었다.

예수는 하나님의 통치에 대해 당대 사람들과는 전혀 다른 시각, 이전에 존재하지 않았던 새로운 시각을 갖고 있었다. 사람들은 예수의 말 "후릿그물이 가득 차면 어부들은 그물을 해변에 끌어 올려놓고 앉아서 올라온 것들을 가릅니다. 먹을 수 있는 것은 그릇에 담고 먹을 수 없는 것들은 내버립니다"를 기존 종교의 관점에서 해석한다. 예수는 이 말을 통해 정의로운 심판이 사람들에게 곧 내려질 것이라고 주장하려는 것이 아니다.

온갖 것들을 잡아 올려 먹을 수 있는 것과 먹을 수 없는 것을 가르는 일은 현재 벌어지고 있는 그 나라의 일이 아니다. 지금 여기서 힘을 미치고 있는 가장 정의로운 나라는 좋은 것과 나쁜 것을 가르는 일을 하지 않는다. 오히려 예수를 통해 지금 여기서 활동하는 그 나라는 온갖 사람들을 불러 모으는 일만 하고 있을 뿐이다. 예수의 후릿그물 이야기를 심판 이야기로 둔갑시키는 이들은 예수의 핵심 메시지를 완전히 놓치고 있다. 예수는 좋은 것과 나쁜 것을 가르는 일을 묘사하기 위해 후릿그물 이야기를 우리에게 들려준 것이 아니다.

많은 사람들이 하나님 나라 또는 하늘나라를 예수가 다시 와서 세상을 심판하고 그 가운데서 구원받을 사람을 들어 올려 영원한 삶을 살게 하는 장소로서 이해한다. 이들은 온갖 것들을 잡아 올려 좋은 것과 나쁜 것을 고르는 모습에서 하나님 나라의 참모습을 찾는다. 그들은 하나님 나라를 노아의 방주 비슷한 것으로 여긴다. 하지만 이 비유에서 물고기를 끌어올리는 장소는 배가 아니라 해변이다. 사실 이 비유에서 배는 아예 나오지도 않는다.

예수는 이 비유에서 하나님 나라가 그물을 던져 물고기를 들어 올리는 배와 같다고 말하지 않았다. 그는 하나님 나라가 후릿그물을 던져 온갖 것을 끌어 올리는 일과 같다고 말하고 있다. 다시 말해 하나님 나라는 방주와 같은 장소가 아니라 만물을 본래 자리로 끌어당기는 힘과 같은 것이다. 그 힘은 미래에 발휘되는 것이 아니라 지금 여기 이 땅에서 발휘된다.

그물 비유는 혼인 잔치 비유의 메시지와 상당 부분 겹친다. 임금의 혼인 잔치 자리는 착한 사람과 못된 사람의 구별 없이 아무나 네거리와 골목에서 만난 사람들로 닥치는 대로 채워졌다. 하나님 나라는 모든 사람들을 신성한 모습 또는 본모습으로 이끌며 모든 사람들을 환대한다. 하나님 나라는 거기에 들어오는 자의 빈곤, 신체 결함, 흠결, 문맹을 따지지 않는다. 후릿그물 비유는 하나님 나라의 이러한 무한한 개방성을 더욱 강렬하게 보여 준다. 후릿그물이 바다의 온갖 사물들을 해변으로 끌어 모으듯이 하나님 나라는 세상의 모든 것들을 해방의 자리에 끌어 모으는 활동을 지금 벌이고 있다. 그 통치 활동의 반경에 온갖 것이 포섭된다. 이것이 하나님 나라의 기본 정책이다.

8

남몰래, 저절로, 어느덧, 반드시

예수는 가장 정의로운 나라가 강력한 힘으로 지금 사람들을 해방시키고 있다고 주장했다. 하지만 겉보기에 그는 아무런 무력도 쓰지 않는다. 그는 군대도 없고 무기도 없다. 그가 갖고 있는 것은 자신이 전하는 것이 '기쁜 소식' 또는 '좋은 소식'이라는 주장이다. 또한 그는 죄인들과 어깨를 맞대고 함께 밥을 먹는다. 이것이 강력한 힘인가? 예수는 그 힘이 강력하지만 그것은 겸손하고 은밀하다고 말한다. 그 힘은 요란하지 않으며 사람들을 다치게 할 만큼 폭력을 동반하지 않는다. 그의 나라는 알찬 결실을 얻을 때까지 남몰래 은밀하게 저절로 자라난다.

이를 말하기 위해 예수는 가장 정의로운 나라를 저절로 남몰래 자라는 이삭에 비유한다.

> 하나님 나라는 어떤 사람이 땅에 씨를 뿌려 놓았을 때 일어나는 일에 비길 수 있습니다. 그가 밤에 자고 낮에 깨어 돌아다니는 동안에 그 씨에서 싹이 트고 자라지만, 그는 어떻게 이 일이 일어나는지 모릅니다. 씨를 싹트게 하고 이삭

을 패게 하고 이삭에서 알찬 낱알을 맺게 하는 것은 땅입니다. 거둘 날이 와

서 이삭이 여물면 농부가 낫을 대어 자릅니다.^{마가4:26~29}

이 비유는 하나님의 다스림이 이 땅에 미치는 방식을 묘사하고 있다.

어떤 사람이 땅에 씨를 뿌렸다. 그런 다음에 밤이 되자 그는 잠에 들었고 아침이 되면 일어났다. 그러던 사이에 그가 뿌린 씨앗은 싹이 트고, 줄기가 돋아나 조금씩 자란다. 그가 싹이 얼마나 자랐는지 알지 못하는 사이에도 여전히 그것은 조금씩 자란다. 식물을 자라나게 하는 것은 씨앗을 심은 사람이 아니라 땅 자체이다. 그래서 씨를 뿌린 사람조차도 그 성장의 세부 과정을 모두 감지하지 못한다. 땅은 다른 이의 도움 없이 식물 스스로가 열매를 맺게 한다. 처음에는 싹이 돋고, 그 다음에는 이삭이 패고, 마침내 이삭 속에 알찬 낱알이 맺힌다. 열매가 익으면, 씨를 뿌렸던 사람은 이윽고 낫을 댄다. 가장 정의로운 나라는 식물의 이러한 성장과 같다.

이 비유에서 중요한 것은 추수가 아니다. 중요한 것은 씨는 뿌려졌고, 뿌려진 씨앗이 몰래 자라나고 있다는 것이다. 이 비유는 은밀함의 정도를 극대화하기 위해서 심지어 씨를 뿌린 사람조차 그 성장 과정을 인지하지 못한다고 표현한다. 이것은 그 나라를 시작하게 한 이가 그 나라의 성장을 알지 못한다는 것을 뜻하지 않는다. 오히려 많은 사람들이 그 나라가 지금 여기 나타나 힘을 미치고 있다는 사실을 인정하지 않는 동안에도 여전히 그것은 힘차게 활동하고 있다는 것을 말하고 있다. 비록 남몰래 자라고 있지만 그 씨앗은 반드시 성장의 정점에 도달하게 될 것이다. 씨앗은 열매를 맺기 위해 밤낮으로 조금씩 자란다. 자라나는 모습이 또렷이 보이지 않는다고 결국 열매 맺지 못할 것으로 미리 판단해서는 안 된다. 설사 성장 과정이 은밀하다 하더라도 그 과정의 끝에는 반드시 열매 맺음이 있을 것이다. 이것이 이 비유의 핵심이다.

가장 정의로운 나라는 남몰래 자라지만 반드시 그 역할을 완수할 것이다. 예수는 이 비유에서 땅의 자발성을 빌려 이 점을 또렷이 하고 있다. 땅은 성장의 배경이다. 땅은 은총이 가득한 곳이다. 땅은 은총의 무대이다. 씨앗은 바로 이 은총 위에서 조금씩 자라나고 있다. 땅이 저절로 열매를 맺게 하므로 씨앗은 이삭이 무르익을 때까지 반드시 성장할 것이다. 예수가 땅의 자발성을 이야기한 것은 씨를 뿌린 사람이 씨앗의 성장을 위해 노력할 필요가 없다는 점을 말하고 싶어서가 아니다. 오히려 씨앗이 자라나서 열매를 맺게 되고, 마침내 이윽고 반드시 추수를 맞이하게 된다는 것을 말하고 싶었다. 그 나라의 활발한 성장과 찬란한 결실은 필연이다.

이 비유는 하나님 나라가 이미 시작되었다는 것을 전제하고 있다. 씨앗은 뿌려졌고 그것은 지금 이미 남몰래 자라나고 있다. 이 비유는 그 나라가 이미 시작하여 지금 최후의 열매를 맺기 위해 자라나고 있다는 것이 확실하다는 것을 강조한다. 씨를 뿌린 사람은 그 성장을 눈으로 지각하지 못함에도 불구하고 씨앗에서 이삭이 팰 것을 확신한다. 이처럼 그 나라도 조용히 자라나고 있지만 열매 없이 끝나 버릴 것이라 의심할 필요가 없다. 우리는 다만 세계의 무한한 은총을 신뢰하면 된다. 땅이 열매를 맺게 할 것이다. 그 나라는 자기 임무를 완수할 것이다. 그 나라는 반드시 만물을 해방시킬 것이다. 그 나라는 우리를 새사람으로 변모시킬 것이다. 우리는 온전한 존재가 될 것이다.

예수의 기쁜 소식을 받아들이는 것은 무엇을 뜻하는가? 그것은 농부가 땅과 햇빛의 능력을 믿듯이 그 나라의 능력을 믿는 것이다. 그것은 그 나라의 임무가 언젠가 반드시 완수될 것을 믿는 것이다. 해방하는 그 나라의 힘이 만물을 새로운 방식으로 어울리게 하며 우리가 본디 가져야 하는 모습으로 우리를 자라나게 할 것을 확신하는 것이다. 그러한 확신 속에서 성장의 은밀함을 참아내는 것이다. 자기가 현재 거주하는 땅을 전혀 새롭게, 원래대로, 제대로 보는 것이다. 지금 여기의 공간을 해방하는 은총의 공간으로서 인식하는 것이다. 이 땅을 낮은 자들이 마침내 차지하도록 마련해 놓은 은총의 장소로 여기는 것이다. 자기 자신을 이러한 땅에서 은밀하게, 겸손하게, 조용히, 싱싱하게 자라는 들꽃이라 생각하는 것이다.

9

온통, 세상을 바꿀 것이다

예수는 자신을 가장 정의로운 나라의 행정 수반으로 여겼다. 하지만 그는 군대를 거느리지도 않고 국가 체계를 운영하는 관료들도 세우지 않는다. 그 대신 그는 기쁜 소식을 전하고 죄인들과 어울린다. 이러한 통치 행위를 통해 자신의 나라가 만물을 해방하는 임무를 반드시 완수할 것이라고 믿는다. 그는 가장 정의로운 나라가 활동하는 이와 같은 방식을 묘사하기 위해 누룩 이야기를 만들어 낸다.

> 하나님 나라는 한 여자가 적은 누룩을 가루 서 말 속에 감추어 넣었을 때 일어나는 일에 비길 수 있습니다. 그렇게 하면 반죽이 마침내 온통 부풀어 오르게 됩니다. 마태13:33

가장 정의로운 나라는 밀가루 반죽을 온통 부풀리는 누룩처럼 활동한다는 것이다.

어떤 여인이 밀가루 서 말을 반죽하고 있다. 가루 서 말은 약 22리터 정도

되는 양인데, 그는 이렇게 많은 양의 가루로 무엇을 하려는 것일까? 이 정도의 양은 단순히 남편이나 아이들을 위해 한 끼의 빵을 만들 만큼을 훨씬 넘어선다. 이것은 많은 사람을 위해 잔치를 베풀 수 있는 양이다. 그 여인은 자기들끼리 먹는 저녁 밥상이 아니라 온 세상을 위한 잔치를 준비하고 있다.

잔치를 준비하는 이 여자는 반죽 속에 적은 양의 누룩을 넣었다. 그는 부풀려진 반죽을 얻고 싶었다. 매우 당연하게도 그는 누룩이 반죽을 부풀리지 못하리라는 그 어떠한 의심도 하지 않는다. 그는 마치 농부가 실패를 두려워하지 않고 씨를 뿌리는 것처럼 실패를 생각하지 않고 반죽 속에 누룩을 넣는다. 그리고 그는 누룩의 작용을 믿고, 반죽이 부풀려질 때까지 기다린다. 여기에 실패에 대한 불안이 있을 수 없다. 누룩의 작용을 신뢰하는 여인의 이 태도는 현재를 살아가는 지혜로운 방식이다. 그의 소망은 누룩의 작용에 대한 합당한 믿음에 기초하고 있다. 여인은 누룩의 강력한 작용을 믿고, 반죽의 부풀어 오름이 절정에 이를 때까지 누룩의 역할을 신뢰했다.

누룩이 반죽에 넣어졌다면, 누룩의 작용은 지금 이미 시작되고 있다. 하지만 누룩이 넣어졌다는 이 엄연한 사실에도 불구하고 일부 사람들은 반죽이 부풀어 오르지 못할 것이라고 의심할 수 있다. 이것은 예수가 펼치고 있는 가장 정의로운 통치가 일부 사람들에게 의심받고 있는 상황과 같다. 예수는 이러한 불신을 비극으로 묘사하지 않고 비밀로 묘사하고 있다. 누룩은 반죽 속에 감추어졌다. 반죽 속에 누룩이 이미 넣어졌다는 것을 모르는 사람들은 반죽이 부풀어 오르는 비밀을 깨닫지 못한다. 그러니 그들의 불신을 누룩의 실패라 하지 말라. 누룩이 작용을 시작했다는 것이 비록 눈에 띄지 않겠지만, 누룩이 첨가되었다는 사실을 아는 자들은 언젠가 온통 부풀어 오른 누룩을 얻게 되리라는 것을 확신한다.

누룩은 시작이자 원인이고 부풀어 오른 반죽은 그 결과이다. 누룩의 첨가와 반죽의 부풀어 오름은 하나의 과정이다. 원인과 결과는 연결되어 있고 시작과 끝은 둘이 아니다. 우리는 누룩이 넣어진 사건과 반죽이 부풀어 오르는 사건 사이에 살고 있다. 이것이 우리가 살고 있는 이 현재이다. 하지만 우리는 언젠가 반드시 온통 부푼 반죽을 얻게 될 것이다. 현재 반죽이 굳어 있다 하더라도 결국, 언젠가, 마침내, 반드시 반죽은 부풀어 오를 것이다.

그 많은 양의 반죽을 부풀리는 것은 다름 아니라 매우 적은 양의 누룩이다. 누룩이 없었다면 기적 같은 반죽의 부풀려짐도 없다. 넣었던 누룩이 아무리 보잘것없을지라도, 작은 씨앗이 새가 깃들만큼 무성한 나무로 자라듯이, 누룩 또한 작고 겸손하게 시작해서 부풀어 오른다. 적은 누룩과 함께 시작한 것이 마침내 온통 부풀어 오름으로 끝맺을 것이 분명하다. 적은 양의 누룩이 반죽을 온통 부풀게 하듯이, 작은이가 세계를 온통, 완전히, 온전히 변모시킨다. 반죽이 부풀어 오를 때까지 누룩이 반죽 속에서 작용을 계속하듯이, 그 나라도 만물이 화해하고 해방될 때까지 지금 이 땅에서 끊임없이 작용할 것이다. 작은이를 통해, 작은이들과 함께, 작고, 겸손하게.

예수는 누룩 이야기와 함께 작은 씨앗 이야기를 들려준다.

> 우리가 하나님 나라를 어떻게 비길까요? 또는 무슨 이야기로 그것을 나타낼까요? 땅에 겨자씨를 심었을 때 일어나는 일에 비길 수 있습니다. 이것은 세상에 있는 어떤 씨보다도 작지만, 일단 심고 나면 어떤 풀보다 크게 자랍니다. 심지어 새들이 그 그늘에 둥지를 틀 만큼 넉넉히 큰 가지를 뻗습니다.^{마가}
> 4:30~32

> 하나님 나라는 어떤 사람이 겨자씨를 가져다가 자기 밭에 심었을 때 일어나는 일에 비길 수 있습니다. 겨자씨는 어떤 씨보다 더 작은 것이지만, 자라면

어떤 풀보다 더 커져서 나무가 됩니다. 심지어 새들이 와서 가지에 둥지를 틀기도 합니다. 마태13:31~32

겨자씨 이야기에서 중요한 것은 겨자씨가 그 무엇보다 작은 씨앗이지만 그것이 어떤 풀보다 크게 자라 심지어 새들이 와서 둥지를 튼다는 사실이다.

누룩 이야기처럼 여기에서도 작고 겸손한 시작과 위대한 결말을 대비시키고 있다. 겨자씨 이야기에서 새들이 둥지를 트는 큰 나무 이미지는 특히 중요하다. 시편이나 구약의 예언서에서 이것은 여러 민족들을 품는 나라를 상징한다. 누룩 이야기에서는 작은 것이 만인을 위한 축제를 가능하게 한다. 겨자씨 이야기에서는 작은 것이 모든 민족들을 위한 나라를 키워 낸다.

누룩은 밀가루 속에 넣어졌고 씨는 땅에 뿌려졌다. 가장 정의로운 나라는 예수처럼 작은이가 행정 수반이다. 그 나라는 예수의 기쁜 소식처럼 보잘것없는 통치 수단을 갖고 있다. 하지만 그 나라는 지금 여기 이 땅에 생생하게 힘을 미치고 있다. 적은 누룩이 큰 반죽을 온통 부풀리듯이, 작은 씨앗이 새들이 깃들 만큼 큰 나무로 자라듯이, 이 작은 나라도 세상을 온통 바꿀 것이다. 만물을 해방하고 화해시킬 것이다. 마침내 반드시 그렇게 될 것이다.

연속되는 실패와 무상하게 반복되는 왜곡된 일상 때문에 우리 현실은 닳을 대로 닳아빠졌다. 남루한 이 현실에도 불구하고 만물을 해방하는 그 나라는 작고 겸손하게 시작하여 지금 강력하게 작용하고 있다. 가장 정의로운 나라를 믿는 것은 이 보잘것없는 현재가 곧 거대한 혁명 과정이라는 것을 믿는 것이다. 여기 이곳에서 지금 해방이 벌어지고 있다. 이를 잘 아는 사람은 마치 누룩을 넣고 기다리는 여인처럼, 씨를 뿌리고 기다리는 농부처럼 현재를 즐긴다. 그는 지금 여기서 해방의 삶을 살아가는 일용할 용기를 얻는다. 그는 이미 새로운 세상을 살고 있다.

제2부

정의로운 시민 되기

1
우리 손닿을 곳에 있다

바리새파 사람들은 예수에게 "하나님 나라가 언제 오느냐"고 물었다. 예수는
다음과 같이 답변했다.

> 하나님 나라는 눈으로 볼 수 있는 모습으로 오지 않습니다. 보아라, 여기에
> 있다, 또는 보아라, 저기에 있다, 하고 말할 수도 없습니다. 하나님 나라는 그
> 대 안에 있습니다.^{누가17:20-21}

하나님 나라가 눈으로 볼 수 있는 모습으로 오지 않는다는 말은 무슨 뜻인가?
바리새파 사람들은 율법 근본주의자로서 모세오경에 명시된 절기들을 지키
도록 애쓴다. 이 절기를 날에 맞게 잘 지키기 위해 날짜를 정확히 예측해야 한
다. 이를 위해 사용한 방법이 천체 관측이다. 눈으로 볼 수 있는 모습으로 오
지 않는다는 말은 하나님 나라가 오는 시기를 천체 관측을 통해 예측할 수 없
다는 말이다. 하나님 나라가 언제 오는지는 천문 현상을 관찰하고 추론함으로
써 예측할 수 있는 것이 아니다.

하나님 나라는 특정한 지점에 내려오는 방식으로 이 땅에 오는 것도 아니다. 만일 어떤 사람이 그 나라가 여기에 있다, 저기에 있다, 라고 주장한다면, 그 주장은 하나님 나라에 대해 올바르게 말하는 방식이 아니다. 하나님 나라는 천문 탐구뿐만 아니라 지리 탐구를 통해서도 인지될 수 없다. 그 나라는 특정 시점, 특정 지점에 오는 것이 아니다. 그 나라는 우리가 생각하는 방식의 시공간에 존재하지 않는다.

예수는 하나님 나라가 언제 어디에 오는지에 관한 통상의 시간 예측과 장소 추측을 반대하면서 그 나라에 관한 매우 놀랄 만한 주장을 한다. 하나님 나라는 '그대 안에' 있다! 여기서 '그대'는 예수의 말을 듣는 바리새파 사람들을 뜻하지만 예수의 말을 들을 모든 사람들을 뜻하기도 한다. 하나님 나라는 우리 안에 있다. 이 말은 정확히 무슨 뜻인가?

그 나라가 우리 안에 있다는 말은 그것이 우리 마음속에 있다는 말인가? 이런 뜻풀이는 나름의 장점을 갖고 있다. 예컨대 그 나라가 바깥 시공간 세계에 있지 않고 우리 마음속에 있기 때문에 그 나라는 관찰될 수 있는 방식으로 오지 않는다고 설명할 수 있다. 하지만 만일 이런 뜻풀이가 옳다면 하나님 나라는 단지 사람들이 마음속으로 평안을 얻는 것에 그치게 될 것이다. 사실 이런 뜻풀이는 그 유래가 매우 깊다. 특히 앎을 통해 구원에 이를 수 있다는 영지주의 문헌에서 이런 해석을 더러 찾아볼 수 있다.

1896년 옥스퍼드 연구팀은 이집트 카이로에서 남쪽으로 160km 떨어진 도시 옥시린쿠스에서 엄청난 양의 파피루스를 발견했다. 이 파피루스는 프톨레마이오스 통치 시대와 로마제국 시대에 작성된 것으로 추정된다. 여기에 "하늘나라는 그대 안에 있으며 자기 자신을 아는 자는 누구나 그것을 발견할 것입니다"라는 구절이 있다. '자기 자신을 아는 자'를 '자기 마음을 잘 들여다보는 자' 또는 '자신을 성찰하는 자'로 이해할 경우 '그대 안'은 '그대 마음속'으로 이해할 만하다.

옥시린쿠스에서 발견된 파피루스에는 도마복음도 있다. 도마복음 어록 3에 비슷한 구절이 나온다.

> 만일 그대를 이끄는 사람이 그대에게 "보라, 그 다스림이 하늘에 있다"라고 말한다면, 하늘의 새들이 그대보다 먼저 가 있을 것입니다. 만일 그가 그대에게 "보라, 그것이 바다에 있다"라고 말한다면, 물고기들이 그대보다 먼저 가 있을 것입니다. 오히려 그 다스림은 그대 안에 있고, 그대 없이도 있습니다. 그대가 그대 자신을 알게 될 때, 그대가 살아계신 아버지의 아이라는 것을 깨닫게 될 것입니다. 하지만 만일 그대가 그대 자신을 모른다면, 그대는 모자란 채 살 것이고 그대는 그 모자람 자체일 것입니다.

자기 마음을 아는 사람은 누구나 그 나라를 발견한다! 자기를 아는 자는 자신이 하나님의 사람임을 알게 된다!

자기 인식을 통해 마음의 평안에 이르는 것을 하나님 나라에 들어가는 것으로 해석하는 것은 예수의 다른 말씀들과 어울리지 않는다. '그대 안에'를 '그대 가운데'로 읽어야 한다는 주장이 설득력을 얻고 있다. '그대 가운데'는 '그대의 선택 범위 안에' 또는 '그대가 가닿을 수 있는 곳에'를 뜻한다. 문헌학자의 연구에 따르면 '안에'의 뜻을 이런 식으로 풀이하는 것은 1세기 말부터 3세기 말까지 다양한 파피루스 사본들과 다른 그리스 문헌들에 나오는 용례와 부합한다. 나아가 이런 뜻풀이는 예수의 다른 말씀과 잘 어울린다.

가장 정의로운 나라 곧 하나님 나라는 언제 올지 모를 아주 먼 미래에 실현되는 다스림이 아니다. 그 나라는 가닿을 수 없을 만큼 저 밖에 멀리 놓여 있는 다스림이 아니다. 그 나라는 우리가 마음만 먹으면 언제나 가닿을 수 있는 곳에 지금 와있다. 그 나라는 손닿을 만한 곳에 있으며 지금 우리의 선택 범위 안에 있다.

예수는 가장 정의로운 정치가 언제 어디서 벌어질지 묻는 사람들에게 답한다.

> 가장 정의로운 다스림이 언제 어디에서 벌어질지 알아맞히려고 애쓰지 마십시오. 그 다스림은 그런 식으로 벌어지지 않습니다. 그 다스림은 그대가 가닿을 만한 곳에 이미 와 있습니다. 그대가 그것을 누릴지 누리지 말지는 그대 선택에 달려 있습니다.

그 나라가 언제 올지를 탐구하는 것은 우리 해방에 별 도움이 되지 않는다. 왜냐하면 그 나라는 이미 예수의 활동을 통해 지금 여기 우리 가까이 와 있기 때문이다.

이토록 우리 곁에 가까이 온 가장 정의로운 정치를 지금 알아차리고 그 다스림을 누리는 것이 필요하다. 그 다스림은 정신 승리를 위한 단순한 희망 사항이 아니다. 우리의 가장 마지막 소망과 비전을 지금 이루는 길은 지금 내 삶을 활짝 열어 그 나라의 해방 활동을 받아들이는 것이다. 그 길은 예수가 억눌리고 가난하고 흠 많은 사람들과 어깨를 기대고 어울릴 때, 그 일을 조롱하지 않고 함께 웃고 기뻐하고 박수치는 것이다. 그 길은 예수의 그 소박한 행위가 가장 정의로운 다스림의 가장 강력한 통치 행위라는 것을 알아차리는 것이다. 그 다스림의 영역에 들어갈지 말지는, 그 나라의 시민이 될지 말지는 이제 당신의 선택 범위 안에 놓여 있다.

2
우리 삶을 흔들어 놓다

가장 정의로운 나라의 시민이 된다는 것은 무엇인가? 그것은 다스림을 강제로 받아들이는 피지배자가 되는 것을 뜻하지 않는다. 오히려 그것은 가장 아름다운 삶의 방식을 자기 삶에서 스스로 실천하는 것을 뜻한다. 예수는 그 나라, 그 다스림이 우리를 어떻게 바꾸어 놓을지를 다음과 같은 이야기를 통해 들려준다.

> 하나님 나라는 마치 어떤 사람이 밭에 숨겨진 보물을 찾았을 때 일어나는 일에 비길 수 있습니다. 그 사람은 그것을 제자리에 묻고 기뻐하면서 집에 돌아가서는 가진 것을 다 팔아서 그 밭을 삽니다. 또 하나님 나라는 가게 주인이 좋은 진주를 구할 때 일어나는 일에 비길 수 있습니다. 그가 매우 값진 진주 하나를 찾으면, 집에 돌아가서는 가진 것을 다 팔아서 그 진주를 삽니다.^마
>
> 태13:44~46

이 이야기는 무엇을 말해 주고 있는가? 단순하게 해석하면 하나님 나라는 다른 것과 견줄 수 없을 정도로 값지다는 것을 말하고 있는 것처럼 보인다. 그 다스림은 이 세상에 있는 모든 것보다 값지기 때문에, 모든 것을 드려서 얻어야 하고, 이를 얻기 위해서 내가 가진 모든 것을 바쳐야 한다. 하지만 이 비유를 보다 자세히 읽으면 이런 해석에 전혀 만족할 수 없다는 것을 깨달을 것이다.

남의 밭에서 단지 농사일만 할 뿐인 천한 품꾼 농부가 밭에서 불현듯 보화를 발견했다. 그것은 그가 감히 가지리라 상상조차 할 수 없을 만큼 값진 것이었다. 그 보화를 얻기 위해 그 일꾼은 가진 것을 다 팔아서 그 밭을 통째로 산다. 여기서 중요한 것은 일꾼이 발견한 보화의 가치가 자신의 모든 것을 포기하도록 했다는 점이다. 그 보화는 모든 것을 다 바쳐야 얻을 수 있는 것이 아니라, 모든 것을 다 바치게 하는 어떤 것이었다. 그 품꾼 농부는 그 보화가 자신이 현재 가지고 있는 것보다 더 값지다는 것을 알았기 때문에 자기가 현재 가진 모든 것을 팔아서 그 밭을 샀다.

마찬가지로 진주 장사치는 여태까지 자기 것이 될 수 있다는 희망을 결코 품을 수 없을 만큼 귀한 진주를 보게 되었다. 그가 발견한 진주는 자기뿐만 아니라 다른 장사치도 쉽게 손에 넣을 수 없는 것이었다. 그가 가진 모든 것을 팔아서 그 진주를 구입할 때 그의 마음은 전혀 불안하지 않다. 이 진주의 실제 가치가 그 장사치로 하여금 자기의 모든 것을 포기하도록 만들었다. 발견된 보화와 발견된 진주는 그것을 얻기 위해 모든 것을 다 바쳐야 하는 어떤 것이 아니다. 그것은 발견한 사람이 자기가 현재 가진 모든 것을 다 바치게 하는 어떤 것이다.

상상해 보라. 우리에게 이루 헤아릴 수 없이 값진 어떤 것이 나타났다. 또한 그것을 얻을 기회까지 주어졌다. 우리는 평생에 한 번밖에 없는 그 기회를 놓치지 않기 위해 얼마든지 우리의 모든 것을 바칠 각오가 되어 있다. 미래를 위한 묻지 마 투기가 아니라 현재 발견된 가치가 너무나도 크기 때문에 그 가치를 발견한 사람은 그것을 얻기 위해서 그 어떤 대가를 지불하더라도 만족스럽다. 이것이 가장 정의로운 나라에서 일어나는 일이다. 그 나라의 시민들은 더 이상 마지못해 통치를 받아들이는 피지배자가 아니다. 그 나라의 시민은 오히려 스스로 적극 나서서 행동할 수밖에 없는 능동 주체이다.

보화와 진주는 찾은 사람의 삶 전체를 흔들어 놓는 힘을 갖고 있다. 그래서 그것을 찾은 사람의 삶은 완전히 뒤집어진다. 농부는 품삯을 받으며 차근차근 돈을 저축하여 점차 안정된 삶을 얻고 싶었을 것이다. 불현듯 보화가 나타나자 그에게 새로운 가능성, 새로운 세상이 열렸다. 이 보화는 그의 기억, 일상, 설계를 포기하게 하고, 그의 모든 것을 처분하게 한다. 보화는 그가 예전에 할 수 없었던 행동을 하게 한다. 그는 이 보화 때문에 새로운 미래, 새로운 가능성을 열어간다. 새로운 가치는 기존 인습과 처세술에 따라 살던 삶을 완전히 포기하게 한다. 발견된 것의 가치가 발견자의 삶 전체를 전복시켰다.

예수의 이야기에서 보화와 진주는 미래에 기약 없이 얻게 될지 모를 어떤 것이 아니다. 그것은 로또복권처럼 당첨될 확률이 낮지만 당첨되면 일확천금이 되는 어떤 것이 아니다. 그 농부와 그 장사꾼의 행동은 복권을 사기 위해 자기가 가진 것을 모두 바치는 일과 다르다. 그것은 혹시 오를지도 모를 주식에 빚을 내서라도 '몰빵'하는 것이 아니다. 그들은 실제로 보화와 진주를 발견했다. 그들의 보화와 진주는 그것을 발견하자마자 손에 넣을 수 있다는 확신과 기쁨이 주어지는 실제 사물이다. 그 보화와 진주의 현재 가치 자체가 발견한 자의 삶을 완전히 바꾸어 놓는다.

이 이야기를 통해 예수가 바랐던 가장 정의로운 다스림의 모습은 이제 분명해졌다. 보화와 진주의 발견이 발견자의 현재 삶을 완전히 뒤집어 놓았듯이, 그 다스림도 시민들의 구태의연한 과거 경험, 지리멸렬한 현재 인습, 이기심에 바탕을 두고 치밀하게 세운 자기만의 미래를 뒤집어 놓는다. 그 다스림은 지금 우리에게 하나의 강력한 힘으로서 또는 거부할 수 없는 선물로서 다가온다. 그 다스림의 가치를 발견하자마자 그 가치 자체가 그것을 발견한 사람의 삶을 완전히 뒤바꾸어놓는다. 그 다스림의 현재 가치 자체가 지금 우리에게 행동할 힘을 준다. 이것이 바로 그 다스림이 지금 여기서 우리에게 작동하는 방식이다.

예수는 가장 정의로운 다스림이 자신의 말과 행위를 통해 그리고 그 말과 행위 안에서 지금 이곳에서 실행되고 있다는 소식을 퍼뜨렸다. 그 다스림은 발견자의 삶을 온통 뒤바꿀 만큼 강력한 힘을 지닌 보화와 진주처럼 우리 삶을 지금 여기서 변화시킨다. 저기 먼 과거에, 저기 먼 미래에, 저기 먼 곳에 존재하는 해방이 우리 앞에 지금 와 있는 해방, 우리들로 하여금 우리의 삶을 바꾸게 하는 해방, 새로운 행동을 할 수 있게 용기를 주는 해방으로서 지금 여기 나타났다. 바로 사람 예수와 함께, 가장 정의로운 정치의 이름으로, 하나님의 다스림이라는 이름으로, 하나님 나라라는 이름으로.

그 나라는 강요하는 폭력, 복종을 요구하는 억압으로서 출몰하지 않는다. 그 나라의 시민권은 모든 것을 다 바치면 얻고, 그렇지 않으면 얻지 못하는 겁나게 비싼 고가품이 아니다. 예수는 그 나라의 시민이 되기 위해 모든 것을 헌납해야 한다고 우리에게 강요하지 않는다. 보화와 진주의 발견이 그렇듯이 그 나라는 순전히 은총으로서 지금 이곳에 나타난다. 그것은 하나의 위대한 선물이다. 그것을 선물로서, 축복으로서, 은총으로서 받아들일지 말지는 현재를 살아가는 우리의 선택이다. 그 나라는 우리가 가닿을 만한 곳에 있고, 우리 선택 범위 안에 놓여 있다.

인습과 요행을 통해 이미 획득한 기득권을 숭배하는 사람들은 가장 정의로운 다스림이 지금 여기 강림하여 해방과 전복의 시공간을 창출할 때 그것을 전면 거부할 것이다. 그는 인습에 따른 군주론에 입각하여 세계를 지배하고 싶기 때문에 예수와 함께 지금 이곳에 벌어지는 해방의 사건들을 발견하지 못한다. 그 대신 그는 기득권을 유지하기 위해 기존의 규약과 관행을 고수한다. 그는 제국의 통치자들이 만들어 놓은 이념과 통념을 맹신한다. 예수는 보화와 진주 이야기를 들려주기 전에 "들을 귀 있는 자는 들으십시오!"^{마태13:43}라고 말한다. 이 말은 이렇게 옮길 수 있다. "그대는 이 이야기를 듣고 있습니까? 정말로 듣고 있습니까?"

3
작은 실패는 우리 삶의 배경이다

예수는 거대한 로마제국의 식민지에서 자신의 작은 나라를 시작했다. 그의 나라는 로마의 통치 방식과 잘 어울릴 수 없다. 또한 그의 나라는 수천 년 유대 종교 전통과 점차 적대 관계에 놓이게 된다. 가장 정의로운 나라는 가장 낮은 행정 수반과 가장 낮은 시민들로 시작하고 있다. 하지만 이 나라는 세계를 온통 변모시킬 꿈을 꾸고 있다. 모든 사람과 모든 생명들을 해방시키고 화해시키는 꿈을 꾸고 있다.

예수는 이 꿈을 이룰 수 있을까? 예수는 실패를 생각하지 않았을까? 그는 점차 강해지는 반대를 두려워하지 않았을까? 예수는 이에 대해 이렇게 대답했다.

들어보십시오. 씨 뿌리는 사람이 씨를 뿌리러 나갔습니다. 그가 씨를 뿌리는데 더러는 길가에 떨어져 새들이 와서 쪼아 먹었습니다. 또 더러는 흙이 많지 않은 자갈밭에 떨어져 흙이 깊지 않아서 싹은 곧 났지만, 해가 뜨자 시들고 뿌리가 없어서 말라 버렸습니다. 또 더러는 가시덤불 속에 떨어져 가시덤불

이 자라 그 기운을 막아 버려서 이삭을 맺지 못하였습니다. 하지만 몇몇은 좋은 땅에 떨어져서 싹이 나고 자라서 뿌렸던 씨앗의 삼십 배, 육십 배, 심지어 백 배의 이삭을 맺었습니다. ^{마가4:3-8}

예수의 이 비유는 어두운 이야기를 담고 있는 듯하다. 그는 엄청난 실패를 예고하고 있다.

현재를 사는 것은 좌절을 경험하며 사는 것이기도 하다. 우리가 발 딛고 있는 이 세상에서 결코 꺾이지 않는 희망을 가지는 것이 어떻게 가능한가? 때때로 이 세상은 속수무책으로 썩어 가고 있다. 그 나라, 그 다스림이 이 땅에 와서 지금 여기서 힘차게 미치고 있다면 현재를 사는 우리에게 닥치는 그 수많은 실패는 무엇을 뜻하는가? 그 다스림은 과연 이 땅에 지금 작용하고 있기나 한 것인가? 그 나라의 통치권은 왜 정의롭지 못한 일들을 가만히 놓아두는 것처럼 보이는가?

씨 뿌리는 자의 이야기는 열매 맺지 못하는 수많은 씨앗들에 대한 염려를 묘사하고 있다. 몇몇 해석자들은 이 이야기의 전체 분위기를 슬프고 어둡게 이해했다. 어떤 이는 이 이야기를 진리와 사랑의 참극으로 요약했다. 다른 이는 이 이야기가 그 나라가 세속 영역에서 결국 실패할 것이라는 비관주의를 함축하고 있다고 주장했다. 우리가 살고 있는 이 현실 세계는 그 나라가 꽃피고 열매 맺기에 알맞지 않다는 것이다.

예수는 이 비유를 어떤 의도를 갖고 말했을까? 예수는 자신의 활동에 대한 반대가 점차 커지고 있다는 것을 알았다. 예수가 중풍 환자를 고치며 "그대 죄가 용서 받았습니다"라고 말하자 율법학자는 '하나님을 모독하는구나. 하나님 한 분밖에 누가 죄를 용서할 수 있는가' 하고 생각했다. 또한 예수가 죄인과 한자리에서 밥을 먹는 것을 보고 "저 사람은 왜 세리나 죄인과 어울려서 밥을 먹나?" 하고 못마땅하게 여겼다. 세례자 요한의 제자들과 바리새파 사람들은 금식하며 경건한 생활을 하는데 예수는 먹고 마신다고 비판했다. 또한 바리새파 사람들은 예수를 따르는 무리들이 안식일에 일하는 것을 보고 그것이 율법 위반이라고 지적했다. 그들은 안식일에 예수가 병자를 고치는지 감시했다. 이윽고 그들은 예수를 없애려고 친정부 인사들과 모의했다. 이 모든 일이 마가복음 2장 7절에서 3장 6절까지 생긴 일이다.

결국 예수는 유대교 회당과 결별하고 주로 호숫가에서 기쁜 소식을 전하기 시작한다. 마가복음 3장 22절에는 예루살렘에서 온 율법학자들이 예수가 악령의 힘으로 일한다고 고소하는 장면이 나온다. 예수의 친척들은 예수가 미쳤다고 생각하고, 예수의 어머니와 형제는 예수가 지금 무슨 일을 하고 있는지 전혀 이해하지 못한다. 이런 상황에서 예수는 열두 제자를 임명하고, 호숫가에 모인 무리에게, 우리가 지금 이야기하고 있는 씨 뿌리는 자의 비유를 이야기한다.

이 비유는 하나님 나라, 가장 정의로운 다스림이 무엇인지 알려 주는 이야기이다. 예수는 이 이야기가 기쁜 소식으로 들리기를 바랐을 것이다. 따라서 씨 뿌리는 자의 이야기도 자기 앞에 모인 무리에게 희망의 소식을 전하려는 의도를 갖고 있었다고 보아야 한다. 씨 뿌리는 자는 설사 많은 씨앗들을 잃어버릴지라도 마침내 아주 풍부한 수확을 올릴 것이라고 믿고 씨를 뿌린다. 이 이야기는 현실의 열악한 상황에도 불구하고 가장 정의로운 다스림이 이 땅에 희망차게 작용하고 있다는 것을 말하고 있다. 그 다스림이 반대에 직면하겠지만 이 모든 저항과 반대에도 불구하고 삼십 배, 육십 배, 백 배의 수확을 마침내 올릴 것이다.

가장 정의로운 다스림이 해방 활동을 할 때 직면하는 많은 종류의 장애물과 반대들은 자연스러운 현상이며 이미 예견된 현상일 뿐이다. 가시떨기, 엉겅

퀴, 새들, 자갈, 찌는 더위가 농사의 일부분이듯이, 지금 세상 돌아가는 모습은 그 나라의 행정 수반이 당연히 직면하게 될 배경 상황일 뿐이다. 우리는 현실에서 늘 엉겅퀴와 찌는 더위 같은 차갑고 매섭고 뜨거운 저항에 마주한다. 하지만 이러한 가혹한 현실은 단지 그 나라의 통치력이 활동하는 배경에 지나지 않는다.

예수는 점점 강하게 다가오는 저항에 아랑곳하지 않고 자기 일을 차분히 진행했다. 예수처럼 우리도 우리에게 쏟아지는 위협들이 점차 강해지고 있다는 이유에서 그 나라의 부드러운 통치력에 실망해서는 안 된다. 그 다스림이 현재 작동하는 방식은 폭력을 더 강력한 폭력으로 통제하는 것이 아니다. 그것이 작동하는 방식은 더 강력한 사랑, 은혜, 해방으로 사악한 폭력을 약화시키는 것이다. 그 다스림은 저항에 직면하여 사그라지거나 움츠리지 않는다. 그 다스림은 마치 서 말 반죽을 온통 부풀리는 누룩처럼 지금 세계 전체에 스며들고 있다.

씨 뿌리는 자 이야기에는 예수의 현실주의가 담겨 있다. 그의 현실주의는 잦은 저항과 실패와 패배에 당황하는 것이 아니라 이를 당연한 것으로 받아들인다. 그러한 현실 인식 속에서도 가장 정의로운 다스림이 해방의 임무를 완수할 때까지 지금 이 땅에서 생생하게 작용하고 있다는 것을 의심하지 않는다. 예수를 통해 지금 이곳 우리 삶 속에 다가오는 그 다스림은 우리로 하여금 우리 현실을 당당히 마주하게 한다. 수많은 적의와 반대와 장애는 그 나라의 통치력이 펼쳐지는 배경에 불과하다. 예수는 마치 씨를 뿌리는 사람처럼 자신의 다스림이 마침내 백 배의 열매를 맺을 것이라 확신하며 지금 씨를 뿌린다.

그 나라 시민으로 살아가는 이들 앞에 놓인 가시떨기와 엉겅퀴와 찌는 더위는 그들에게 결정타가 되지 못한다. 현재를 살면서 실패를 거듭한다 하더라도 그 나라 시민은 결코 좌절하지 않는다. 그 나라 시민은 그 나라가 현실의 반대자를 무찌르는 데 자신의 행정력을 사용하지 않는다는 것을 잘 안다. 방해 자체를 그 나라가 작동하고 있는 하나의 배경 또는 무대로 받아들인다. 나아가 그들은 만물을 해방하고 화해하는 새 생명의 씨앗이 이미 뿌려졌고 많은 실패에도 불구하고 마침내 풍성한 열매를 맺으리라 확신한다. 그들은 열매로서, 해방으로서, 정의로서 자기 존재의 정당성을 입증한다.

4

받은 사랑이 우리 삶을 지배한다

예수는 우리에게 기쁜 소식을 전한다. 가장 정의로운 정치가 지금 펼쳐지고 있다. 그 나라의 잔치는 이미 차려져 있고 닥치는 대로 시민들을 모으고 있다. 그 나라는 우리 손닿을 만한 곳에 있다. 그 나라의 시민이 되는 것은 우리의 선택 범위 안에 놓여 있다. 이제 그 나라를 받아들인 시민들은 현재를 어떻게 살아야 하는가? 시민들은 어떤 의무를 짊어져야 하는가? 현재를 살아간다는 것은 어떤 의미인가?

　예수는 이 물음에 답하는 이야기를 들려준다. 마태복음 18장 23절을 조금 길게 풀어 옮기면 다음과 같다.

　　다음 이야기는 하나님 나라가 무엇과 같은지를 그대에게 보여 줄 것입니다.
　　하루는 임금이 자기 신하들을 불러 자신에게 빚진 것을 셈할 것을 요구하기
　　로 했습니다.

이어 나오는 이야기에는 깜짝 놀랄 만큼 자비롭지 못한 한 관리가 나온다.

이 이야기에는 아라비안나이트에나 나올 법한 굉장한 과장이 들어 있다. 한 관리가 국가에 빚을 졌는데 그 규모는 실로 엄청나다. 그 채무액은 자그마치 1만 달란트나 된다. 1달란트는 노동자 한 사람이 대략 15년 동안 꼬박 일하여 모은 액수에 해당한다. 연봉 4000만원 노동자의 경우 이것은 약 6억 원에 해당한다. 1만 달란트는 한국 중산층 노동자의 경우에 약 6조 원에 달한다. 하지만 예수 당시 사회에서 1만 달란트는 현재 한국의 6조보다 훨씬 큰 금액이다. 예수의 이야기에 나오는 관리는 아마도 지방정부의 통치자로 보인다. 당시 로마 식민지 팔레스타인은 여러 지방정부로 구성되어 있는데 한 지방정부가 1년에 다루는 금액이 겨우 수 달란트에 불과하다고 한다. 임금에게 1만 달란트를 빚진 관리가 있다는 이야기는 해도 해도 너무 심한 과장이다.

예수가 여기서 말하고자 한 것은 무엇인가? 그것은 이 채무자가 빚진 것이 그가 갚을 수 있다고는 생각조차 할 수 없는 금액이라는 사실이다. 그가 만 달란트를 빚졌다는 것은 그가 도무지 갚을 길 없는 무한대의 빚을 졌다는 것을 말한다. '만'이라는 숫자는 예수 당시 사람들이 알고 있는 아마도 가장 큰 숫자이고, '달란트'는 그 당시에 가장 큰 통화 단위이다. 예수는 가장 큰 숫자와 가장 큰 통화 단위를 결합함으로써 그 채무액이 거의 무한대이며 빚을 갚는 것이 불가능하다는 것을 넌지시 말해 주고 있다. 예수의 이 이야기를 지금 듣고 있는 사람은 저절로 '저 사람은 더 이상 살아남지 못하겠구나' 하고 속으로 생각하게 될 것이다.

빚쟁이 관리는 임금에게 갚을 수 있는 말미를 달라고 말한다. 하지만 어느 정도의 시간 여유가 있어야 그 빚을 갚을 수 있을까? 그 관리가 1만 달란트를 마련할 길이 전혀 없다는 사정을 감안한다면 관리의 애걸은 그야말로 과장 그 자체이다. 1만 달란트의 이자는 아마도 연간 수천 달란트에 이를 것이다. 연간 예산이 수 달란트밖에 되지 않는 지방정부의 통치자가 매년 수천 달란트 또는 매달 수백 달란트를 어떻게 벌어들인다는 말인가! 하지만 그 관리는 임금에게 말한다. "참아 주십시오. 다 갚겠습니다." 이것은 뻔뻔한 거짓말이자 턱도 없는 과장이다.

예수는 다시 과장된 이야기를 한다. 임금은 아무런 조건 없이 그 채무를 탕감한다. "임금은 그 관리를 가엽게 여겨서 그를 놓아주고 빚을 없애 주었습니다."[마태18:27] 이것은 도무지 일어날 수 없는 일이다. 1만 달란트의 빚을 탕감한다는 것은 국가에 1만 달란트의 손실이 일어난다는 것을 뜻한다. 예수는 이 과장을 통해 무엇을 말하고 싶은 것인가? 그는 국가의 통치자가 자신의 관리에게 무한한 해방과 무한한 은혜를 주었다는 것을 말하고 싶었다. 현실에서 거의 일어날 수 없고 생각하기조차 어려운 관용과 자비와 사랑이 이 이야기 속에 들어 있다.

예수의 이야기는 점차 클라이맥스에 이른다. 앞의 과장보다 더 심한 과장이 그 뒤에 이어진다. 채무를 변제 받은 다음 그 관리가 곧 바로 보인 행동은 우리를 매우 놀라게 한다.

> 그 관리가 나가자마자 우연히 그의 동료 관리를 만났습니다. 그는 그 관리에게 100일 노동 수당만큼 빚을 지고 있었습니다. 그는 친구의 멱살을 잡고 목을 조르며 말했습니다. "내게 빚진 것을 갚아!"[마태18:28]

관리는 빚을 탕감 받고 나가는 길에 동료 관리를 만나 멱살을 잡고 자기의 돈을 내놓으라고 협박한다. 그 빚의 규모는 보통 노동자의 3달 월급 정도밖에 되지 않았다.

친구가 빚진 금액은 노력만 하면 충분히 갚을 수 있는 금액이다. 그래서 친구는 말미를 달라고 애원한다. 그 애원은 관리가 임금에게 했던 말과 똑같다.

"참아 주게. 내가 갚겠네." 하지만 그 관리는 친구의 요청을 묵살한다. 그는 비정하게도 친구를 옥에 가두었다. "그는 애원을 들어주기는커녕, 오히려 그 동료를 옥에 집어넣고 빚진 돈을 갚을 때까지 갇혀 있게 하였습니다."마태18:30 무한한 은총을 입은 자가 이런 일을 저지른다는 것은 생각하기 어려운 일이다. 우리는 이 관리의 무자비를 이해할 수 없다. 무한한 자비를 입은 자가 친구에게 몹시 무자비하다.

그 다음 이야기는 결코 과장이 아니다. 이 사실은 최고 통치자의 귀에 들어갔고 당연하게 그가 입은 해방과 자유는 무효가 되었다. 이것은 매우 마땅한 일이다. 예수는 통치자의 이 당연한 처사를 이야기 끝에 놓음으로써 과장으로 가득 찬 이야기를 매우 진지하게 만들었다. 이제 예수의 이야기는 단순한 과장 이상이 된다. 이 너무나 당연한 결말은 이야기의 전반부에 대해서 무엇을 말해 주는가? 예수가 말하려고 한 핵심 메시지는 무엇인가? 예수는 "임금이 자기 관리들을 불러 자신에게 빚진 것을 셈할 때 일어나는 일"이 가장 정의로운 나라의 통치 방식이라고 주장했다. 도대체 그는 어떤 방식을 말하고 싶었던 것일까?

예수의 이 이야기에서 주인공은 임금이 아니라 빚을 탕감 받은 관리이다. 예수의 이야기를 듣는 사람은 이 주인공의 태도에 주목할 수밖에 없다. 이야기를 듣는 사람들은 이 주인공이 자신들을 염두에 둔 인물이라는 것을 깨달아야 한다. 우리는 이제 그 관리의 모습으로 이야기 속에 참여해야 한다. 현실의 나는 그 관리와 완전히 다른 인물이라 생각하면서 예수의 이야기를 게을리 들어서는 안 된다. 예수의 이야기를 진지하게 듣는 사람은 그 관리 자리에 지금 이곳 현실 세계에 살고 있는 자기 자신을 대입해야 한다.

이제 나는 가장 정의로운 나라의 시민이라고 가정하자. 가장 정의로운 나라는 해방과 자유를 무상으로 시민들에게 부여한다. 해방의 가치는 이루 말할 수 없을 만큼 크다. 그 나라가 나에게 해준 것이 없다고 생각하는 사람은 아예 그 나라의 시민이 될 필요가 없다. 무한한 은혜와 자비와 사랑으로 해방 활동을 벌이는 그 나라의 통치력을 인지하고 그것을 기쁘게 받아들인 사람들만이 그 나라의 시민이 될 수 있기 때문이다. 그는 밭에서 우연히 보화를 발견한 농부처럼 그 나라의 시민권을 얻었을 뿐이다.

그 나라의 시민은 자신이 무한한 은총을 입었다는 것을 잘 아는 사람이다. 그는 이미 해방된 존재이며 자유로운 존재이며 가장 정의로운 나라의 자랑스러운 시민이라는 것을 자각한다. 자신이 무한한 은총을 입었다는 사실은 곧 그 나라의 시민이 처한 현재 삶의 조건이다. 그가 무한한 은총을 입었다는 것은 그의 현재를 특징짓는 기본 전제이다. 내가 그런 삶의 조건에 놓여 있는지 아닌지는 그 나라의 시민권이 나에게 있는지 없는지를 가늠하는 잣대이기도 하다. 내가 가장 정의로운 나라의 시민이라고 가정하는 순간 곧 나는 무한한 은총을 입었다고 가정하는 셈이다.

이제 나는 친구를 만난다. 이 만남은 현실 세계에서 자주 벌어지는 일들 가운데 하나이다. 그 친구는 나에게 빚이 있다. 나는 주체로서, 주인으로서, 소유자로서, 채권자로서, 지배자로서, 타자 앞에 서 있다. 나의 현재 삶이란 이런 일들을 겪는 시간이다. 친구는 나에게 잘못을 저질렀다. 나는 친구를 용서할 수도, 아니 할 수도 있다. 만일 내가 친구의 잘못을 용서하지 않기로 지금 선택한다면 이것은 무엇을 뜻하는가? 내가 타자를 앙갚음하기로 지금 선택한다면 이것은 내 삶에 무슨 일이 일어났다는 것을 말해 주는가? 나의 이 자유로운 선택은 현재 내가 살아가는 방식이다. 예수는 바로 이러한 우리 삶의 현재를 돌아보라고 말한다.

내 행위에 앞서 나는 무한한 은총을 입었다. 먼저 은총이 있었고 그 다음에 내 자유로운 행위가 있다. 이것이 그 나라의 시민이 늘 맞이하게 되는 현재의 특징이다. 내 행위가 먼저 있고 그 행위에 대해 은총을 입은 것이 아니다. 나는 먼저 무한한 은총을 입었고 그 다음 나는 자유롭게 선택한다. 은총 이전의 내 행위는 우리 이야기에서 중요하지 않다. 은총은 과거의 행위가 아니라 현재의 행위에 의미를 부여한다.

가장 정의로운 나라의 시민에게 현재를 사는 것은 은총 이후를 사는 것이다. 그 나라 시민의 삶은 곧 그 나라의 통치 체제를 받아들이는 삶이다. 그 나라의 통치 체제를 받아들이는 삶은 곧 은총의 지배를 받아들이는 삶이다. 그 나라 시민의 삶은 은총을 받기 위해 노력하는 삶이 아니다. 그의 삶은 이미 무한한 은총을 받은 사람의 삶이다. 은총이 자신의 현재를 특징짓는 삶이다.

그 나라의 시민은 앞으로 구원을 받을 수 있을지 없을지, 해방될 수 있을지 없을지, 은총을 받을지 못 받을지를 근심하지 않는다. 그 나라 시민의 삶이란 이미 해방과 은총과 구원이 이루어진 삶이다. 이것을 자각하는 자는 이미 그 나라의 시민이다. 이것을 자각하지 못한 자는 그 나라의 시민이 아직 아니다. 그것을 자각하는 나는 매우 당연하게도 채권자로서 타자 앞에 서서는 안 된다. 나는 타자의 주인도 타자 삶의 지배자도 아니다. 예수의 이야기를 들으면서 우리는 15만 년 노동 수당을 탕감 받은 관리가 고작 100일 노동 수당을 빚진 친구를 협박하고 옥에 가두는 것이 터무니없이 부당하다는 것에 공감했다. 바로 이런 공감을 바탕으로 내 삶을 되돌아보아야 한다.

가장 정의로운 나라는 무한한 자비와 해방으로 나를 자유롭게 한다. 하지만 현재 내 자유로운 행동은 내가 그 해방을 자각하는지 자각하지 못하는지를 알려주는 시험지이다. 나의 자유는 그 나라의 해방 활동 자체를 위협하는 데까지 나아갈 수 없다. 빚을 탕감 받은 관리는 자유롭게 풀려났지만 그렇다고 작은 빚을 진 동료 관리를 옥에 가둘 권리까지 갖게 된 것은 아니다. 그 나라의 시민이 된다는 것은 해방과 은총 아래에서 자유롭게 산다는 것이다. 그의 자유는 해방과 은총의 한계 안에 머물러 있어야 한다. 현재의 삶은 당연히 미래의 심판을 기다리거나 두려워하는 삶이 아니다. 오히려 나에게 조건 없이 무한히 입혀진 은총과 해방을 감지하고 이를 즐기는 삶이다.

가장 정의로운 정치가 풍부한 은혜와 해방으로 지금 현재 우리에게 다가온다. 현재는 우리 허물을 무한히 탕감 받는 시간이다. 현재는 무한한 해방을 경험하는 시간이다. 현재는 무한한 용서와 사랑이 있는 시간이다. 현재는 마지막 심판을 두려워하는 시간이 아니다. 얽매임, 정결 예식, 고행 등은 무의미한 수고일 뿐이다.

우리 실존을 특징짓는 것은 오직 은총과 사랑과 해방뿐이다. 우리 삶을 이끌어 가는 것은 미래의 심판이 아니라 현재의 해방이다. 그 나라의 시민이 되는 것은 그 해방의 사건이 우리 삶에도 일어나도록 우리를 개방하는 것이다. 나아가 그 해방 사건이 현재의 우리 행위를 주도하게 하는 것이다. 사람으로서 지금 여기 존재하는 것, 지금 이 땅에서 살아가는 것은 자기 삶을 은총과 사랑과 해방에 개방하여 이것들을 자기 삶의 원동력으로 삼는 것이다.

5

노력 말고 연대를

자신이 무한한 은총을 입었다고 생각하는 사람은 그 나라의 시민으로 살게 된다. 무한한 은총을 인식한 이는 그 은총의 관점에서 현재를 살아간다. 은총의 관점에서 현재를 보고 현재를 사는 것은 어떤 삶일까? 그 삶은 가장 정의로운 나라의 행정 수반이 시민들을 해방하기 위해 펼치는 행정 행위를 본뜨는 것이다.

예수는 그 나라의 행정 수반을 매우 엉뚱한 고용인의 모습으로 그린다.

> 하나님 나라는 자기 포도원에서 일할 일꾼을 고용하려고 이른 아침에 포도원
> 을 나선 어떤 고용인에 비길 수 있습니다. ^{마태20:1}

이 고용인은 아침 9시 장터에서 빈둥거리는 사람들을 날품팔이꾼으로 고용한다. 이 고용인은 12시에도 장터에 나가 일꾼을 고용하고 오후 3시에도 일꾼을 고용한다.

이 고용인은 심지어 하루 일을 마치기 한 시간 전 오후 5시에도 사람들을 찾

아 나선다.

마침내 오후 다섯 시쯤에 고용인이 또 장터에 다시 가보니 아직도 빈둥거리고 있는 사람들이 있어서 그들에게 물었습니다. "왜 그대들은 온종일 이렇게 하는 일 없이 빈둥거리고 있습니까?" 그들이 그에게 이렇게 대답했습니다. "아무도 우리를 일꾼으로 쓰지 않기 때문입니다." ^{마태20:6~7}

이 이상한 고용인은 이 사람들도 자신의 품꾼으로 고용한다.

이상한 고용인은 오후 5시에 고용되어 그때부터 일한 노동자에게 놀랍게도 하루치 품삯을 준다. 아침 9시에 고용되어 그때부터 하루 종일 일한 노동자들은 보다 많은 품삯을 받을 것이라 기대한다. 하지만 자신들에게도 똑같이 하루치 품삯이 주어졌다. 그들은 고용인에게 불평한다.

당신은 막판에 와서 한 시간밖에 일하지 않은 저 사람들을 온종일 뙤약볕 밑에서 수고한 우리들과 똑같이 대우하시는군요. ^{마태20:12}

이들의 불평은 정당한 것일까? 고용인의 품삯 지불 방식은 공평한 것일까? "온종일 뙤약볕 밑에서 수고한" 사람과 "막판에 와서 한 시간밖에 일하지 않은" 사람 사이에 차이를 없애는 것은 정의로운가? 둘을 똑같이 대우하는 것은 공평한 일인가?

노동자들의 불평거리를 만들어 낸 고용인의 방식이 어떻게 가장 정의로운 나라의 통치 방식이 될 수 있다는 말인가? 노동자들 사이에 분란을 일으키고 그들의 연대를 깨뜨리는 것처럼 보이는 저런 방식이 어떻게 가장 정의로울 수가 있는가?

예수의 이 이야기를 또렷이 이해하려면 당시의 노동시장 상황을 잘 이해해야 한다. 대부분 노동자들은 기본 생계가 위협당할 만큼 만성 실업 상태에 있었다. 이들의 실업은 그들이 게으르거나 무능하기 때문이 아니다. 그들은 말한다. "아무도 우리를 일꾼으로 쓰지 않습니다." 그들은 대부분 날품으로 하루하루 겨우 살아갔고 심지어 그 날품조차도 구하기 어려웠다.

예수의 이야기에서 아침 9시에 고용된 노동자는 그 지역에서 통용되는 통상 품삯으로 계약하였다. 고용인은 "적당한 품삯을 주겠소"라고 약속했다. 여기서 '적당한'은 '합당한', '상당한', '공정한', '응분의' 등으로 달리 쓸 수 있다. 오후 12시, 3시, 5시에 고용된 노동자는 약정된 품삯 없이 일을 시작했다. 이들이 통상의 하루치 품삯을 받으리라고는 상상도 못할 일이다. 당시 관례는 다음 날 고용을 보장하는 조건으로 당일 품삯은 주지 않는 것이다. 보통의 고용인은 오후 12시와 3시에 고용된 노동자에게 대폭 삭감된 품삯을 주고, 오후 5시에 고용된 노동자는 다음 날 고용을 약속하고 그날 품삯은 주지 않았을 것이다. 하지만 예수의 이야기에서 고용인은 이들 모두에게 하루치 품삯을 주었다.

한 시간만 일한 자가 그날 품삯을 받지 않는 것이 과연 정의롭고 공평할까? 고용인은 자신에게 불평을 제기하는 노동자에게 이렇게 답한다. "내가 후한 것이 당신 눈에 거슬립니까?"^{마태20:15} 사실 하루 종일 일한 노동자는 자신이 "온종일 뙤약볕 밑에서 수고한 것"만 생각했지 한 시간만 일한 노동자의 처지를 생각하는 데 게을렀다. 오후 5시부터 일한 노동자는 단순히 한 시간만 일한 노동자가 아니라 오후 5시까지 고용되지 못했던 실직자였다. 나중에 온 노동자는 하루 종일 장터에서 일거리가 없어 한숨만 내쉬었을 것이다. 그들은 일을 하지 않은 것이 아니라 일을 하지 못했다. 고용인은 이런 노동자들의 딱한 사정을 고려하여 그들에게 자비와 은혜를 베풀었다.

오후 5시까지 고용되지 못했던 그 실직자에게 품삯을 적게 주거나 아예 주지 않는 것이 정의롭다고 생각하는 것은 곧 일거리를 얻지 못해 하루 종일 노심초사했던 그에게 일용할 양식 살 돈을 주지 않는 것이 정의롭다고 생각하는 것이다. 이야기 속 고용인이 온 종일 일한 사람과 한 시간 일한 사람에게 동일한 임금을 지불한 것은 부당한 노동 착취를 뜻하지 않는다. 그것은 일용 계약직 노동자의 심각한 실업 상태를 구제하는 것을 뜻한다.

일을 많이 한 노동자가 임금에 대한 공정성을 요구한 것은 일을 적게 하고도 똑같은 임금을 받은 노동자에 대한 질투였다. 그것은 늦게 고용된 자에게 부여된 은총을 박탈하라는 요구였다. 이 요구는 자기 자신의 고용이 은총으로 얻은 것이 아니라 자기 노력의 결과라고 가정하는 것이나 다름없다. 불평하는 사람은 타자를 공격하는 무기로서 공평과 공정과 정의를 끄집어들이지만 사실은 은혜의 작동을 무력화하고 있다.

일을 많이 한 그 노동자처럼 우리는 공정성을 핑계로 종종 타자에게 무자비하다. 우리는 딱한 처지에 놓일수록 타자와 연대감을 느끼지 못한다. 그 이유는 무엇일까? 우리는 자신이 처한 나쁜 처지를 극복하기 위해 자기 나름대로 노력한다. 물론 이 노력은 매우 정당한 것이고 공정하게 평가 받아야 한다. 하지만 우리는 때때로 자기 안정을 확보하기 위한 그 생존 투쟁을 해방과 사랑과 은혜보다 높은 위치에 둔다. 바로 이 때문에 타자와 우리의 연대가 흔들린다.

우리는 일상에서 자신의 안정을 위해 인습과 처세술의 가르침에 따라 경쟁한다. 생존 경쟁을 통해 획득한 나의 지위는 타자의 패배에 기반하고 있다. 오로지 경쟁만 중요하기 때문에 자기를 해방과 은혜의 근원에서 배제시키고 나아가 이웃이 입을 사랑과 은혜까지 가로막는다. 인습에 따른 경쟁 원칙은 우리에게 속삭인다. 타자의 가난함은 그가 노력하지 않는 데서 왔기 때문에 나는 가난한 자와 연대감을 느낄 필요가 없다고. 타자의 약함은 그가 게으른 데서 왔기 때문에 나는 약한 자와 연대감을 느낄 필요가 없다고. 타자의 억눌림은 그가 불순한 데서 왔기 때문에 나는 억눌린 자와 연대감을 느낄 필요가 없다고.

'온종일 뙤약볕 밑에서 수고한' 사람은 왜 '막판에 와서 한 시간밖에 일하지 않은' 사람과 대립해야 했는가? 가장 정의로운 나라가 작동하는 방식을 그가 받아들이지 않았기 때문이다. 그런 나라가 지금 이 땅에서 강렬하게 펼쳐지고 있다는 것을 그가 인지하지 못했기 때문이다. 정의롭지 못한 정치가 펼쳐지는 지금 이곳에서는 오직 생존 투쟁만이 자기 존재를 보존하는 길이라고 믿었기 때문이다.

가장 정의로운 곳에서는 사랑의 원칙만이 우리 삶을 이끈다. 하지만 가장 정의롭지 못한 곳에서는 무자비와 경쟁의 원칙만이 우리 삶을 이끈다. 이처럼 정의와 사랑은 늘 함께 간다. 정의가 없는 곳에서는 사랑도 없고 연대도 없다. 하지만 가장 정의로운 정치가 펼쳐지는 곳에서는 사랑의 원칙이 시민의 행동을 이끌게 될 것이다.

예수는 실직자 이야기를 통해 가장 정의로운 정치가 이 땅에서 활동하는 방식을 묘사하고 있다. 이 이야기에서 가장 정의로운 나라의 행정 수반은 장터에 나가 일자리를 얻지 못해 서성이는 사람들을 모두 품꾼으로 쓰는 고용인으로 그려진다. 그는 심지어 오후 5시에 구직자를 고용하여 그를 하루 종일 일한 자와 똑같이 대우한다. 그는 경쟁에 바탕을 두고 사람을 쓰는 것이 아니라 오직 해방과 사랑에 바탕을 두고 사람들을 만난다. 이것이 바로 은총의 관점에서 살아가는 자의 모습이다.

온종일 뙤약볕 밑에서 수고한 나는 막판에 와서 한 시간밖에 일하지 않은 사람들과 달리 특별한 대우를 받아야 한다고 생각하는가? 그것은 가장 정의로운 나라의 시민이 생각하는 방식이 아니다. 그 나라의 시민은 타인의 실패가 아니라 무한한 은총을 자기 실존의 바탕으로 삼는다. 그 나라의 시민으로서 우리는 해방과 은총과 사랑의 정신으로 바로 옆에 있는 타자와 연대해야 한다. 그가 먼저 왔든 나중에 왔든, 그가 노력을 많이 했든 적게 했든, 그가 이미 얻은 권리가 많든 없든, 그가 경쟁에서 이겼든 졌든 상관없이.

6
여성에게서 빼앗지 못하는 것들

예수가 그 나라의 기쁜 소식을 전할 때 그는 세속 전통 또는 인습 전통과 대립해야 했다. 당대의 전통을 고안하는 사람은 주로 남자이고, 남자 선생을 통해 남자 제자들에게 전수된다. 전통은 남자가 이끌고 남자가 강화한다. 여자들은 전통을 고안하지도 전수하지도 전수받지도 않고 다만 남자들이 만든 전통을 따라야 하는 존재였다. 여자는 전통의 내막과 속사정을 정확히 알려고 노력해서는 안 된다. 1세기의 한 율법 해설서에는 여자에게 성경을 가르치는 것은 음행을 가르치는 것과 같다는 가르침까지 있을 정도였다.

남자들이 만들고 내려주고 이어받는 인습 전통은 남성 중심의 사고를 담고 있을 수밖에 없다. 이런 전통 속에서 여자는 남자들의 우월성을 인정해야 하고, 남자들이 자신을 지배하는 것을 당연하게 여겨야 했다. 남자들은 하느님이 자기를 여자로 만들지 않은 것을 감사하고 찬양한다. 유대교에서는 열 명이 모여야 기도회를 열 수 있는데 여성은 이 정족수에 포함되지 않았다. 이것은 여자들이 백 명이 모여도 기도회나 예배를 열 수 없다는 것을 뜻한다. 여자들은 하느님 가까이 가는 것조차 제한받았다.

교육의 주체와 대상에서 제외된 여자들은 열린 자리에서 자기 목소리를 내기 어려웠다. 여자들은 외출할 때 얼굴을 가려야 하고, 남자들에게 말을 건네는 것도 금지되었다. 사회의 유력한 남자가 여자들과 대화하는 것은 삼가야 하는 일이다. 영향력 있는 남자가 '남자보다 하등한' 여자를 동등한 인격으로 인정하는 태도를 보이는 것은 남성의 권위를 훼손하는 것이라고 생각되었다. 남성 지식인들은 여자들은 너무나도 어리석고 시시한 문제들에만 신경 쓰기 때문에 여자들과 대화하는 것은 아무런 유익이 되지 않는다고 보았다. 여기서 더 나아가 여자들은 욕망으로 가득 찬 요부들이어서 남자의 정신을 타락시킬 위험이 있다고 경고하기도 했다.

이런 관습들이 매우 강하게 형성된 사회에서 예수는 여자들과 대화하기 시작했다. 요한복음 4장에는 예수가 사마리아 여인과 대화하는 장면이 나온다. 유대 사람들은 남자든 여자든 사마리아 사람과 말을 섞지 않는다. 하지만 예수는 사마리아 사람과 말을 주고받는데 그 사람은 심지어 여자이다. "물 좀 주십시오." 여자는 말한다. "당신은 유대 사람인데 어떻게 사마리아 여자인 나에게 물을 달라고 하십니까? 유대 사람과 사마리아 사람은 같은 잔을 사용하지 않는데 말입니다." 요한4:9 물을 마시는 것은 같은 잔을 사용하는 것을 의미한다. 그리고 '같은 잔을 사용하지 않는다'는 '상종하지 않는다'를 뜻한다.

예수는 거기서 멈추지 않았다. 이후 둘은 마치 선생과 제자처럼 논쟁한다. 둘은 영생, 예배, 메시아 등을 토론한다. 그 광경을 지켜본 예수의 제자들은 깜짝 놀란다. "이 무렵 제자들이 돌아와서 예수께서 한 여자와 말씀을 나누는 것을 보고 놀랐다." 요한4:27 예수는 여자와 남자 사이에 어떤 위계질서가 있다고 생각하지 않았다. 예수는 여자들에게도 똑같이 가르침을 전했고 그들의 물음에 응답하였다. 예수는 가르침의 주체와 대상에서 배제된 여성들을 예수 공동체 안으로 끌어들였다. 예컨대 가르침과 고침을 받은 요안나와 수산나 같은 여인들은 예수를 따라다니며 그의 운동을 재정 후원했다.^{누가8:3} 남성과 여성이 엄격하게 구분된 사회에서 여자와 남자가 한 공동체를 이루어 이리저리 여행하는 장면은 남성 문화 옹호자들에게 공격의 빌미가 되었다.

예수의 성 평등 가르침은 예수 공동체에서 여성 대표자를 낳기도 했다. 골로새서 4장 15절에는 눔페^{눔바}라는 사람이 나온다. "라오디케아에 있는 분들과 특히 눔페와 그의 집에 모이는 교회에 문안해 주십시오." 눔페는 이 지역 교회 공동체의 대표로 보이는데 그는 여자이다. 후대의 남성 필사가들은 이 구절에서 '눔페'라는 이름을 남성형 이름 '눔페스'로 수정하였다. 이것은 예수의 가르침이 인습에 물든 후대 남성들에 의해 쉽게 왜곡되어 전수될 수 있다는 것을 보여 주는 증거이다. 인습 전통이 예수의 가르침을 점차 잠식하여 여자는 예수 공동체의 중심부에서 점차 배제되기 시작했다.

인습 전통이 예수 공동체에서 벌어진 사실 자체를 왜곡했던 증거들이 더러 있다. 사도행전 18장에는 프리스킬라^{브리스길라}와 아퀼라^{아굴라}라는 부부가 나온다. 그들은 아폴로스^{아볼로}라는 한 유대인을 집으로 초청하여 하나님의 '도'를 자세히 설명한다. 아폴로스는 나중에 유명한 교회 지도자가 된다. 그런데 여기서 눈여겨보아야 할 점이 있다. 사도행전 18장 18절, 26절, 로마서 16장 3절, 디모데후서 4장 19절에서 프리스킬라와 아퀼라는 늘 함께 거명되는데 이들이 거명될 때마다 거명 순서가 바뀌지 않는다. 유일한 예외는 고린도전서 16장 19절이다.

프리스킬라와 아퀼라 가운데서 사람들은 프리스킬라가 남자라고 생각한다. 왜냐하면 관례에 따르면 가장이 먼저 거론될 텐데 남자가 가장이 되어야 하기 때문이다. 하지만 프리스킬라는 여자이다. 이 집의 가장은 프리스킬라였다. 그러나 신약성경의 사본을 만드는 남성 필사가들은 이 부부에 대한 기록이 오류라고 판단했다. 그들의 사고방식에 따르면 부부를 거명할 때 여자를 먼저 거명하는 것은 부당했다. 그들 가운데 일부는 원본을 수정하여 '아퀼라와 프리스킬라'라고 필사하기도 했다. 이것은 수정이 아니라 왜곡이다. 남성 필사가들은 여자를 남자보다 먼저 거명하는 데 불쾌감을 느꼈을 것이다. 하지만 초기 예수 공동체는 인습에 따른 남녀의 위계질서를 인정하지 않았다.

예수는 여성을 어떤 관점에서 보았을까? 예수의 눈에 비친 여성의 이미지는 어떠했을까? 예수 당대 사회에서 특별히 병든 여자는 천대받기 일쑤였다. 율법서에 따르면 단순한 생리든 질병이든 여자의 하혈은 부정한 것으로 간주되었다. 이것은 보건 위생이 발달하지 않았던 고대 사회에서 청결을 강조하려는 동기에서 비롯되었을 수 있다. 레위기에는 부인병 때문에 생긴 하혈뿐만 아니라 곰팡이, 성병에 걸린 남자 성기에서 나오는 고름과 정액, 악성 피부병, 일부 짐승들 등을 불결하게 여겼다. 하지만 여성의 경우는 더욱 심한데 월경 자체를 부정하게 보았다. 아무튼 외부 생식기에서 피를 흘리는 여자를 부정하게 취급하는 것은 여자의 고통 위에 모욕까지 얹는 일이다. 이것은 당시 남성 중심 문화의 한 모습이었다.

이런 문화는 유대교에만 한정된 것이 아니다. 로마 사상가 플리니우스는 그의 학술 서적에서 하혈증을 앓는 한 여인을 다음과 같이 묘사했다.

> 하혈하는 여자가 가까이 오면 발효하기도 전에 과즙은 시어지고, 정원에 있는 나무는 시든다. 그런 여자가 올라갔던 나무는 열매가 떨어진다. 청동이나 심지어 쇠까지도 곧 녹이 슬며 공기에서도 불쾌한 냄새가 난다.

이것은 당시의 '과학'이었다. 이 말도 안 되는 과학은 당시 사회에서 부인병을 앓는 여인들이 어떻게 취급되고 있었는지를 잘 보여 준다.

마가복음 5장에는 이런 고통을 12년 동안 겪고 있는 여인이 나온다. 그는 다른 사람을 고치기 위해 걸어가는 예수의 옷자락을 몰래 만진다. 그가 그렇게 한 것은 참혹하고 수치스러운 자기 병을 낮게 하고 싶은 강한 바람 때문이었다. 예수는 이것을 감지하고 짐짓 이 여인에게 화를 내는 듯했다. 레위기 15장에 의하면 이 경우 예수는 옷을 빨아서 부정한 기운을 없애야 한다. 다시 말해 그 여인은 예수를 더럽혔다. 예수는 자기 옷자락을 만진 사람을 무리 중에서 색출했다. 하지만 예수는 그에게 저주를 퍼붓기 위해 그를 색출한 것이 아니다. 오히려 그를 칭찬하기 위해서였다. 로마의 그 지식인은 예수의 이 축복을 결코 이해할 수 없을 것이다.

예수는 그가 여자이든 남자이든 상관없이, 심지어 그가 하혈증을 앓는 여자라 하더라도, 그의 해방과 평안을 바란다. 예수는 그 여인이 처한 불우한 상황을 매우 잘 알고 있었다. 그는 자기 옷자락을 허락 없이 만진 그에게서 그 어떤 불결함도 보지 않았다. 오히려 예수가 본 것은 그가 본디 갖고 있는 존귀와 존엄이었다. 예수는 존엄을 향한 그의 의지, 그의 생명력을 칭찬한다.

> 여인이시여, 그대 믿음 때문에 그대가 지금 나았습니다. 안심하고 돌아가십
> 시오. 나아서 더 이상 아프지 않기를 바랍니다. ^{마가5:34}

그는 정확히 어떤 믿음을 갖고 있었던 것일까? 그것은 자신도 해방과 은총을 받을 자격이 있다는 믿음이다. 그것은 해방과 은총이 자신에게도 내려질 수 있다는 믿음이다.

그의 믿음은 곧 해방과 은총이 지금 이곳에서 힘을 미치고 있다는 믿음이기도 하다. 예수는 그가 해방과 구원, 안심과 건강의 가능성을 예수 자신에게서 발견했다는 사실을 귀하게 여겼다. 그 여인은 이미 가장 정의로운 나라의 시민이 된 채 예수를 만났다. 그는 예수가 당대 문화와 인습과 관례에 따라 자신

을 평가하지 않을 것이라고 믿었다. 이 믿음은 곧 남성 중심 문화를 거역하는 힘이기도 하다. 그는 남자들에 의해 전수되고 강화되었던 인습에 저항했다. 그는 이 저항을 해방과 은총에 대한 추구로 승화시켰다.

당대의 지식인과 윤리학자들은 미신에 사로잡혀 병든 여인을 더욱 아프게 했다. 하지만 예수는 남자들의 억눌림과 아픔뿐만 아니라, 남자들에 의해 억압받는 여자들의 따돌림과 아픔을 고치는 데도 주저하지 않았다. 예수는 자신의 이러한 활동들을 가장 정의로운 정치의 통치 행위로 간주했다. 예수의 이 정신은 자유사상이나 계몽주의 또는 과학이 대신할 수 없다. 예수의 생각과 행위는 인습 전통에 깊숙이 내재되어 있는 억압 본능, 우월 욕망, 정결 의식을 넘어서 있다.

우리는 단순히 아프지 않는 것만으로 충만해지는 존재가 아니다. 이것은 여성에게도 마찬가지이다. 예수가 가진 여성의 이미지는 당연히 한낱 치료받아야 하는 존재에 그친 것이 아니다. 마르타는 건강한 여인이다. 그는 예수를 자기 집으로 초대했다. 그는 예수를 대접하기 위해 이리저리 바쁘게 움직이고 있었다. 그는 우리가 보통 생각하는 여성의 임무에 충실했다. 그런데 마르타의 동생 마리아는 귀한 손님을 대접하는 일을 제쳐두고 그와 대화를 나누고 있었다. 마르타는 왜 예수가 마리아를 나무라지 않는지 여쭙는다. "제 동생이 저 혼자 일하게 두는 것을 아무렇지 않게 생각하십니까? 가서 거들어 주라고 제 동생에게 말해 주십시오."누가10:41 하지만 예수는 오히려 '여성의 임무'에 충실했던 마르타를 부드럽게 나무란다.

> 마르타여 마르타여, 그대는 그처럼 많은 일들로 염려하며 들떠 있습니다. 하지만 필요한 일은 오직 하나뿐입니다. 마리아는 제일 좋은 것을 골랐고 아무도 그것을 그에게서 빼앗지 못할 것입니다.누가10:41~42

예수는 버릇없이 남자처럼 남자와 대화를 나누고 있는 마리아를 칭찬한다.

예수는 마르타에게 말한다. 진실로 우리에게 요구되는 것은 오직 하나뿐이다. 마리아는 모든 것 중에 최선의 것, 가장 중요한 것, 바로 그 하나를 택하였다. 그러니 아무도 그것을 마리아에게서 빼앗아서는 안 된다. 마리아가 고른 '제일 좋은 것'은 정확히 무엇일까?

진정한 삶을 위해 우리에게 요구되는 가장 중요하고 필요한 일은 무엇일까? 그것은 바로 여태 예수가 하고 있었던 것이다. 그것은 해방과 은총과 사랑과 사람과 삶을 생각하고 대화하고 실천하는 것이다. 어느 누구도 사람에게 필요한 그 하나를 누리지 못하게끔 그를 방해해서는 안 된다. 비록 그가 여자라 하더라도 그는 가장 좋은 것을 선택할 권리가 있고 그것은 전혀 못마땅한 일이 아니다. 따라서 그가 단순히 여자라는 이유만으로 해방과 은총과 사랑과 사람과 삶을 성찰하고 대화하고 실천하는 것을 분수에 넘친다고 놀려서는 안 된다.

예수는 단순히 남자를 돕거나 가사를 돌보는 정숙한 여인이 되는 일이 여자 본연의 임무가 아님을 잘 알고 있었다. 여자도 사람인 한, 가장 중요한 것, 해방과 은총을 생각하고 그것을 추구하는 것이 마땅하다. 가장 중요한 해방과 사랑은 여성들에게도 열려 있다. 이것을 남자가 독점하는 것은 옳지 않다. 여자든 남자든 누구나 해방과 은총의 정치에 참여할 수 있고 참여해야 한다. 남자뿐만 아니라 여자도 해방과 은총의 정치에 지금 참여하게 하는 것이 예수가 추구했던 페미니즘이다.

우리는 무엇보다 남자 또는 여자로서 지금 이곳에 존재하는 것이 아니다. 우리는 해방된 이로서, 은총 아래에 있는 이로서, 사랑하고 사랑받는 이로서 지금 여기 존재한다. 이를 잘 보여준 한 사람이 있다. 시몬이라 하는 바리새파 사람이 예수를 자기 집으로 초대했다. 예수가 그의 집에서 비스듬히 기대 앉아 식사를 하고 있을 때였다. 한 '동네 여자'가 예수의 등 뒤에 와서 그에게 향수 기름을 바르는 것이었다.[누가7:37] 그를 죄인이라 부르는 것으로 보아 창녀인 듯하다. 그는 율법주의자가 지켜보는 가운데, 눈물로 예수의 발을 적시고, 머리카락으로 발을 닦고, 발에 입을 맞춘 뒤 기름을 발랐다.

율법주의자 시몬은 예수와 접촉하고 있는 저 여인이 추악하고 불결하다는 것을 예수가 모르고 있다는 사실을 속으로 조롱한다. 하지만 경악스럽게도 예수는 경건하고 의롭고 윤리적인 시몬보다 죄 많은 이 여인이 자기를 더 많이 사랑해 주었다고 말한다. 가장 정의로운 나라의 행정 수반이라 스스로 생각하는 예수가 의인 남자보다 죄인 여자가 자신을 더 사랑하고 있다고 평가했다. 예수는 이 여자에게서 불결과 허물을 본 것이 아니라 사랑을 보았다.

이 여자는 사랑이 허물과 율법보다 강하다는 것을 사람들 앞에 당당히 보여주었다. 그는 자신이 사랑하는 존재이며 사랑받을 수 있는 존재라는 것을 인식했다. 이로써 그는 그 나라의 시민이 될 자격을 얻었다. 예수는 그를 높이 산다. "그는 남보다 많은 허물을 용서받았습니다. 그것은 그가 남보다 많이 사랑하였기 때문입니다."[누가7:47] 예수는 그에게 말한다. "그대 믿음 때문에 그대는 지금 구원받았습니다. 편안히 가십시오."[누가7:50]

7
우리는 공존을 두려워하지 않는다

예수는 가장 정의로운 정치가 지금 여기 이 땅에 펼쳐지고 있다는 소식을 자신의 말과 행위와 삶으로써 억눌린 이들에게 전했다. 그러한 정치가 펼쳐지는 나라가 자신과 더불어 지금 여기에 왔기 때문에 그 나라는 우리 손닿을 만한 곳에 있다고 말했다. 그 나라는 인습 전통에 따라 건설된 제국들과 지금 경쟁하고 있다. 지금 이 땅은 그 나라의 시민과 제국의 시민들이 공존하는 곳이다. 가장 정의로운 나라의 행정 수반은 왜 로마제국과 헤로데 괴뢰정권과 그들의 앞잡이를 처단하지 않는가? 그 나라의 시민은 자신들에게 위협을 가하는 제국의 시민들과 어떻게 싸워야 하는가?

역사상 예수 공동체를 자처하는 많은 집단들이 악의 무리를 처단하기 위해 자주 전쟁을 일으켰고 무수한 사람을 죽였다. 그들은 자신이 하나님을 대신하여 전쟁한다고 말한다. 종교전쟁의 이름으로 얼마나 많은 사람들을 죽음으로 몰아넣었으며 종교재판의 이름으로 선량한 사람들을 얼마나 많이 고문하고 학살했던가? 미국의 자칭 그리스도인 대통령 부시는 테러 집단과 전쟁하면서 그 전쟁이 '새로운 십자군 전쟁' 또는 '새로운 영적 전쟁'이라고 말한 적이 있다. 그는 하나님의 정의를 세우기 위해 전쟁한다고 말하기도 했다. 지금 이 순간에도 예수 공동체라고 자처하는 집단들이 자신들을 반대하는 이들을 협박하고 있으며 그들에게 적대감을 드러내고 있다.

가장 정의로운 나라가 반대자들에게 어떤 정책을 펼치는지에 대한 예수의 가르침은 기독교 역사 이천 년 동안 잊혀졌다. 이에 대한 예수의 가르침은 다음과 같이 시작한다.

> 하나님 나라는 어떤 사람이 자기 밭에다 좋은 씨를 뿌릴 때 일어나는 일에 비길 수 있습니다. 모두가 잠자는 동안에 나쁜 이가 와서 밀 가운데에 가라지를 뿌리고 갔습니다. 마태13:24~25

어떤 농장주가 자기 밭에 좋은 밀알을 뿌렸다. 그는 좋은 씨만 밭에 뿌렸다. 하지만 모두가 잠자는 사이에 무슨 일이 생겼다.

시간이 지나고 줄기가 나서 열매를 맺을 즈음에 일꾼들이 밭에 가보니 가라지가 밀과 함께 자라고 있었다. 그들은 주인에게 묻는다. "주인어른, 어른께서 밭에 좋은 씨를 뿌리지 않으셨습니까? 그런데 가라지가 어디에서 생겼습니까?" 마태13:27 여기서 '가라지'는 '독보리'라 옮기는 것이 더 나은 어떤 식물이다. 처음에 좋은 씨만 뿌렸는데 나중에 가라지도 자라나고 있는 것은 분명히 중간에 무슨 일이 일어났다는 것을 뜻한다. 중간에 일어났던 일은 분명 나쁜 일이다. 중간에 나쁜 일을 꾸민 이는 착한 이가 아니다. 그것이 무엇이든지 그 일을 벌인 이는 나쁜 존재이다.

실제 상황에서 가라지가 생기는 것은 가라지 씨앗이 바람을 타고 날아와 밀밭에 떨어진 우연한 자연 현상 때문이다. 하지만 예수의 이야기에서 그 일은 악의 출현과 같은 형이상학 현상으로 설정된다. 가라지는 악한 존재가 끼어들어 생긴 것이다. 이 가라지는 제거되어야 마땅하다. 일꾼들은 주인에게 여쭙는다. "그러면 우리가 가서 그것들을 뽑아 버릴까요?" 하지만 밭주인은 말한다. "아니다. 가라지를 뽑다가 밀도 함께 뽑으면 어떻게 하겠느냐? 거두는 날이 올 때까지 둘 다 함께 자라게 내버려 두어라."^{마태13:29~30}

예수는 지금 농사의 기법을 설명하는 것이 아니다. 예수는 이 이야기를 통해 가장 정의로운 나라의 다스림이 이 땅에 어떤 모습으로 작용하는지 말하고자 한다. 이 이야기는 그 나라의 다스림에 대해 무엇을 말해 주는가? 그 다스림의 본성은 가라지를 내버려 두는 농부의 방식에서 찾아 볼 수 있다. 가장 정의로운 다스림은 반대자들을 제거하지 않고 마지막 날까지 공존하는 것이다. 왜냐하면 나쁜 것을 뽑으려다 좋은 것까지 뽑을 수 있기 때문이다.

왜 나쁜 것을 뽑으려다 좋은 것까지 뽑을 수 있는가? 그것은 나쁜 것과 좋은 것을 가리는 일이 쉽지 않기 때문이다. 자연에서는 밀이 가라지가 되고 가라지가 밀이 되는 일이 일어나지 않겠지만 실제 세계에서는 나쁜 것이 개과천선할 수도 있다. 그래서 "가라지를 뽑다가 밀도 함께 뽑으면 어떻게 하겠느냐? 거두는 날이 올 때까지 둘 다 함께 자라게 내버려 두어라"고 말한다. 마지막 열매를 놓고 최종 판단하더라도 지금은 함께 살아가야 할 때이다.

현재는 씨 뿌리는 자가 씨를 뿌리는 때이다. 현재는 가장 정의로운 다스림이 이 땅의 억눌린 사람들을 해방하는 때이다. 현재는 해방과 은총이 지금 여기의 시공간으로 들어오는 때이다. 또한 현재는 나쁜 이가 가라지를 뿌리는 때이며 가라지가 밀밭에서 함께 자라고 있는 때이다. 현재는 사람들을 억누르고 아프게 하는 나쁜 힘이 작용하는 때이며 불의한 사람들이 정의로운 시민들과 함께 살아가고 있는 때이다. 현재는 가장 정의로운 나라의 다스림이 방해자에 의해 방해받고 공격받는 때이다. 하지만 지금 그 나라는 불의한 이들을 심판하지 않고 다만 사람들을 해방과 은총 아래로 불러 모으고 있다. 바로 이것이 현재의 특징이다.

예수가 그 출범을 선포한 새로운 권위, 새로운 통치, 새로운 나라는 나쁜 마음에 사로잡힌 세력의 강력한 반대에 직면한다. 하지만 이 사실은 그의 나라가 이 땅에서 실패하고 있다는 것을 말해 주지 않는다. 그 나라의 통치력은 반대자들의 세력보다 더욱 강하게, 조용히, 겸손하게 뭇 사람들에게 미치고 있다. 다만 그 나라는 자기 정책을 따르지 않는 사람들을 심판하거나 처벌하는데 자기 행정력을 결코 소모하지 않는다. 가장 정의로운 정치는 좋은 이와 나쁜 이를 가리고 나쁜 이를 제거하는 데 에너지를 쏟지 않는다. 정의로운 다스림은 사람들의 삶을 해방하고 은총을 내리는 데 모든 에너지를 쏟아야 하기때문이다. 나쁜 이를 없애려다 자칫 다른 사람들을 억누르고 따돌리고 아프게하는 일이 일어나서는 안 되기 때문이다.

이처럼 가장 정의로운 정치는 억눌린 사람들을 해방하면서 또한 사람들 사이의 포용, 연대, 공존을 극대화한다. 그 나라는 해방의 가능성을 모든 사람들에게 열어 놓고자 한다. 그 나라는 가능한 변화를 꿈꾸고 변화할 가능성을 열어 놓는다. 모든 이에게 깨달음과 기쁨과 참삶의 기회가 여전히 주어져 있다. 그 나라는 모든 인류가 해방되기를, 모두가 참삶을 얻기를 마지막까지 바란다. 이것이 가장 정의로운 다스림이 이 땅에서 나타나는 모습이다.

가장 정의로운 다스림이 펼쳐지는 시공간이 우리 손닿을 곳에 지금 존재하고 있다. 그 다스림의 시민이 될지 말지는 지금 우리 선택에 달려 있다. 일단그 다스림의 시민이 되면 그는 타자를 파문하거나 쫓아낼 권리가 없다. 지금이 땅에서 해방 활동을 하는 그 나라는 포용하고 연대하고 공존하는 일에 몰두하고 있다. 이처럼 그 다스림의 시민은 배제 말고 포용을, 대립 말고 연대를, 분리 말고 공존을 즐긴다. 이 포용과 연대와 공존은 오직 해방과 은총과사랑을 위한 것이지 억압과 복수와 탐욕을 위한 것이 아니다.

8

유치한 국가보안법을 비웃다

예수는 가장 정의로운 다스림이 지금 이 땅에 작용하여 사람들을 해방시키고 있다는 기쁜 소식을 우리에게 전했다. 대한민국에서는 이상하게도 예수 믿는다고 하는 사람들이 국가보안법을 지키려고 총대를 메고 있다. 예수의 기쁜 소식이 국가보안법과 무슨 상관이 있다는 말인가! 그들이 가짜 예수쟁이가 아니고서는 기쁜 소식의 이름으로 국가보안법 사수에 혈안이 될 수는 없다.

한국의 한 지식인은 예수도 어떤 의미에서 당대의 국가보안법 위반자이며 희생자라고 주장한 적이 있었다. 그는 한국의 극우 단체와 손잡고 국가보안법 사수 투쟁에 나선 일부 예수쟁이를 비판하고 싶었던 것이다. 그는 "예수는 비유를 써서 말하자면 바로 당신들이 그토록 증오하는 '빨갱이'였다"고도 말했다. 예수는 빨갱이라는 그의 표현에 대해 보수 우파 정당에서는 "기독교 훼손이 극에 치달은 망언"이라 분노했다.

하지만 예수가 빨갱이라는 주장은 어느 정도 진실을 담고 있다. 또한 그가 당대의 국가보안법 위반자이며 희생자라는 주장에도 진실이 담겨 있다. 왜냐하면 예수는 당대의 국가 개념에 완전히 반대하는 시각을 사람들에게 퍼뜨렸기 때문이다. 예수가 대한민국에 온다면 그는 이 땅의 국가보안법이 인습에 물들어 있으며 사람들을 해방하는 것이 아니라 오히려 사람들을 억누르고 괴롭히는 데 사용되고 있다고 비판할 것이다.

예수가 우리에게 이야기해 준 가르침의 핵심은 하나님의 다스림, 가장 정의로운 정치, 가장 나라다운 나라였다. 사도행전 8장 12절, 19장 8절, 20장 25절, 28장 23절, 28장 31절 등에서 볼 수 있듯이, 예수의 제자들이 여러 나라를 돌아다니며 온갖 사람들에게 전파한 것도 하나님이 다스리는 나라였다.

예수는 새로운 해방 국가를 구성하고 스스로 행정 수반 노릇을 했다. 이것은 기존 정부 안에 다른 정부를 세우는 것이며, 기존 국가의 통치 방식을 때때로 따르지 않는 반국가단체를 구성하는 일이다. 예수는 가난하고 억눌린 이들을 선동한다. 그들이 이미 자기 나라의 시민이 되었다고 말한다. "그대 가난한 이들에게 축하할 일이 있습니다. 하나님의 나라가 그대의 것입니다."^{누가6:20} 이처럼 예수는 기쁜 소식이라는 이름으로 노동자와 농민을 선동하고 있다. 한국의 공안 검사들은 국가보안법 위반죄로 예수를 기소했을지도 모른다.

한편 보수 신학자들은 예수의 기쁜 소식을 현실 정치와 무관한 것으로 해석하려고 애쓴다. 떠난 아들이 어서 돌아와 자기에게 안기기를 바라면서 팔을 한없이 넓게 벌리고 있는 아버지의 기다림, 한 마리 잃은 양을 찾으러 나서는 목자의 애절함, 무한히 빚진 자를 용서해 주는 채권자의 한없는 자비, 실직자를 구제하기 위해 해질 무렵 다섯 시에도 그를 품꾼으로 고용하는 고용인의 관대함, 심판을 무한히 늦춤으로써 적들에게조차도 사랑의 정책을 펼치는 농부의 오랜 참음 등을 정치와 무관한 것으로 해석한다. 그들의 해석에서 예수의 메시지는 나약한 평화주의자의 정신 승리 또는 신비화된 환상으로 전락한다.

하지만 저런 모습들은 가장 정의로운 나라가 지녀야 하는 모습이었다. 예수는 그런 나라 안으로 아프고 가난하고 억눌리고 따돌림 당하고 놀림 받는 사람들을 불러 모으고 있었다. 예수의 기쁜 소식은 목동의 낭만이나 명상가의 초현실주의를 표현하는 것이 아니었다. 그의 소식은 오히려 정치 메시지를 담고 있다. 그는 가장 정의로운 국가의 이념을 이 땅에 실현하고자 하였다.

국가에 대한 예수의 묘사는 당대의 정치권력을 발끝에서 머리끝까지 비판하는 내용을 담고 있다. 뿌리째 흔들어 놓는 예수의 급진 메시지는 예루살렘 성전을 축으로 움직이는 종교 권력자들과 로마를 축으로 형성된 제국주의자들에게 위기감을 안겨 주었다. 그들은 진정 예수가 체제를 위태롭게 하는 인물이라는 것을 재빠르게 감지했다.

예수는 예루살렘의 대제사장들과 신학자들 앞에서 경악스럽게도 자신이 곧 하나님 나라의 통치자로서 군림하게 될 것이라고 장담했다.

> 제가 그대들 모두에게 다시 말씀 드리겠습니다. 그대들은 곧 사람의 아들이 모든 권력을 잡고 힘 있는 자리에 앉아 있는 것을 보게 될 것이며 하늘 구름을 타고 오는 것을 보게 될 것입니다. 마태26:64

이에 대해 예루살렘의 종교 지도자들은 자기 옷을 찢고 예수를 신성모독으로 사형을 언도할 것을 격렬히 요구했다.

자유와 해방과는 무관하게 인습에 따라 종교 생활하던 이들은 "예수의 얼굴에 침을 뱉고 그를 주먹으로 치고 손바닥으로 때리기도 했다." 마태26:67 또 그들은 예수를 반역자라고 고발한다. "자기를 가리켜서 임금이라고 하는 사람은 누구나 황제 폐하를 반역하는 자입니다." 요한19:12 또한 그들은 자신들의 통치자는 오직 로마 황제뿐이라고 외친다. "우리에게는 황제 폐하밖에 임금이 없습니다." 요한19:15 예수가 자신을 모든 인류를 해방시키는 새 정부의 행정 수반이라고 선포했을 때 그는 국가보안법을 위반한 셈이다. 대한민국의 국가보안법은 대한민국 영토 내에 임의로 국가 또는 정부를 조직하고 그것이 진정한 정부라고 사칭하는 행위를 처벌하고 있다.

예수가 우리에게 선전하고자 했던 새로운 국가의 모습은 대한민국의 국가보안법이 그리는 매우 편협한 국가의 모습과 딴판이다. 예수가 손수 꾸려나갔던 가장 정의로운 나라는 우리가 언제나 쉽게 접근할 수 있는 지점에 놓여 있다.[누가17:21] 그 나라는 입국 비자를 발급받기 위해 애타게 노력하지 않아도 된다. 그 나라의 시민이 되기를 희망하는 모든 사람들에게 시민권을 발부한다.[마태22:9] 그 나라는 거기에 들어오는 자들이 가난하든지, 신체 결함이 있든지, 무식하든지, 삶에 흠결이 있든지 상관하지 않는다. 모든 인류가 그 나라의 시민이 되기를 희망하며, 그 나라에 들어오기를 바라는 모든 이에게 무한히 열려 있다.[마태13:47]

오히려 이주민에게 적대 감정을 보이는 기존 시민에게 추방 명령이 내려진다. 나아가 생존 경쟁을 통해 자신의 존재 기반을 공고히 하려는 사람들은 시민권이 박탈될 수도 있다.[마태20:14] 가장 낮은 자리에 있는 시민들조차도 최고 통치자와 동등한 대우를 받을 자격이 있다.[마태25:40]

예수가 설계했던 이러한 국가에 비해 대한민국 국가보안법이 묘사하고 있는 국가는 매우 편협하다. 대한민국 국가보안법은 우리의 이웃 북측 주민들과 화해하려는 활동들을 지나치게 제한한다. 이 법은 남측 사람들이 북측 사람들과 다투는 것을 기뻐한다. 이 법 때문에 남측 사람들은 북측 사람들이 고통당하는 것을 반겨야 한다.

가장 정의로운 나라는 자기 통치력을 적을 응징하는 데 허비하지 않는다. 그 나라의 진정한 위력은 적에게조차 해방과 은총과 사랑의 정책을 실천하는 데서 발휘된다. 대한민국 국가보안법과 한국 교회는 그 나라의 이 정책으로부터 매우 멀리 떨어져 있다.

예수 당시의 예루살렘 성전과 로마 제국은 사람들에게 굴복과 수치와 모욕을 강요했다. 사람들을 억눌렀고 가난하게 했고 아프게 했다. 이런 예루살렘 성전과 로마 제국은 구태의연한 방식의 인습과 권력 위에서 성장하고 유지되었다. 여기에 동조하고 가담하는 사람들은 예수의 활동에 거부감을 가질 수밖에 없다. 그들은 예수의 메시지를 결코 기쁘게 들을 수 없다.

예수의 국가 이념은 당대 권력의 중심 예루살렘과 로마의 정당성을 근본 차원에서 흔들어 놓았다. 만일 당신이 세속 기득권을 지키는 데 자기 삶을 바친다면, 예루살렘과 로마의 붕괴와 함께, 그 위에 존재 근거를 두고 있는 당신 영혼도 허물어질 것이다. 하지만 당신의 존재 근거를 타자에 대한 무한한 개방성에 둔다면 당신은 예수가 꿈꾸었던 그 나라의 시민이 될 것이다.

9
우리 자본과 능력을 해방에 투자한다

예수는 시골과 어촌에서 활동하다가 드디어 예루살렘 성에 들어섰다. 예수는 당시 종교 지도자들과 학계 지도자들을 비판한다.

> 모세의 율법을 가르치는 이들을 조심하십시오. 그들은 긴 예복을 입고 다니기를 좋아하고, 장터에서 인사받기를 즐기고, 회당에서는 높은 자리에 앉기를 즐기고, 잔치에서는 윗자리에 앉기를 즐깁니다. 하지만 그들은 과부의 재산을 삼키고, 남에게 뽐내려고 길게 기도합니다. 누가20:46~47

모세의 율법을 가르치는 이들이 어떻게 남편 잃은 여인의 재산을 삼키는가? 과부는 돈을 벌 수 있는 수단이 없는 사람이다. 그들은 이런 사람에게도 지나치게 많은 헌금을 강요하는 종교 분위기를 만들어 내었다. 예수는 이들이 나중에 큰 벌을 받을 것이라고 경고한다. 전통 종교인의 행태를 비판하던 예수가 현재 대한민국의 예배당에 온다면 똑같이 비판할 것이다.

　예루살렘 성전 제단은 남자들만 드나들 수 있는데 따로 여인들의 뜰이 있다. 예수가 여인들의 뜰을 거닐고 있었다. 그곳에는 성전을 방문하는 사람들이 헌금하는 함이 놓여 있었다. 헌금함은 열세 개의 궤짝으로 이루어져 있다. 이것들은 아래쪽이 불룩하고, 위쪽으로 올라갈수록 좁아지는 나팔 모양을 하고 있다. 헌금함은 누가 얼마큼 헌금을 하는지 다른 사람들이 볼 수 있도록 배치되어 있다. 헌금함들 가운데 어떤 것에는 헌금의 목적을 기록해 두었다. 성전의 뜰에 헌금하는 사람들이 나란히 줄을 서 있었다.

예수는 한 과부가 동전 두 닢을 헌금함에 넣는 것을 보았다. 여인이 헌금함에 넣은 '렙돈'이라 불리는 동전은 그 당시 가장 낮은 통화 단위였다. 렙돈 하나의 가치는 당시 노동자 하루 임금의 1/128 정도에 해당한다. 그 과부는 오늘날 한국 돈으로 2000원이 못되는 돈을 헌금함에 넣었다. 일 년에 한두 번 내는 헌금치고는 너무 적은 돈이다.

예수는 부자들의 헌금과 이 과부의 헌금을 비교하면서 이렇게 말한다.

> 제가 진심으로 그대들에게 말씀 드립니다. 헌금함에 돈을 넣은 사람들 가운데 이 가난한 과부가 어느 누구보다도 더 많이 넣었습니다. 모두 다 넉넉한데서 얼마씩을 떼어 넣었습니다. 하지만 이 과부는 가난한 가운데서 가진 모든 것을 드렸습니다. 그는 이제 남은 생활비가 없습니다. 마가12:43~44

예수가 볼 때 당시 종교 지도자들과 지식인들은 겨우 살아가는 가난한 이들의 재산을 조금씩 갉아먹었다. 그럼에도 불구하고 그 가난한 과부는 정성을 다해 다른 사람을 돕는 헌금을 했다. 예수는 그의 동전 두 닢을 가장 많은 헌금이라고 말했다.

예수의 눈에 헌금의 가치는 액면가에 있지 않았다. 하지만 헌금의 가치가 액면가에 있다고 보는 시각이 있다. 이 시각은 성전을 바라볼 때도 그대로 반영된다. 여기에 화려한 성전이 있다. 예수는 그 성전을 보고 무엇이라 말할까? 여기에 굉장한 빌딩이 있다. 예수는 그 건물을 보고 무엇이라 말할까? 여기 만리장성이 있다. 예수는 그 성을 보고 무엇이라 말할까?

예수가 예루살렘 성전을 나와서 걸어가고 있을 때였다. 제자들 가운데 한 사람이 성전을 가리키며 이렇게 감탄한다. "선생님, 보십시오, 얼마나 굉장한 돌입니까? 얼마나 굉장한 건물들입니까!"^{마가13:1} 당시 유대 역사가 요세푸스의 보고에 의하면, 성전을 이루고 있는 돌 가운데는 길이가 20미터, 높이가 4.5미터, 너비가 3미터나 되는 돌도 있었다. 다른 제자들은 성전을 가리켜서, "성전을 꾸미고 있는 저 돌과 봉헌물이 얼마나 아름답습니까!"^{누가1:5} 하고 감탄했다.

요세푸스는 성전이 눈뿐만 아니라 마음으로도 감탄할 수밖에 없는 최상의 건물이었다고 전한다. 랍비들은 예루살렘 성전을 보지 못한 사람은 그 누구도 온전한 아름다움을 보지 못한 사람이라고 장담하기도 했다. 로마의 역사가 타키투스는 그 성전이 심지어 막대한 재산까지 소유하고 있었다고 전한다. 성전은 금으로 만든 포도송이, 면류관, 그릇, 창문으로 장식되어 있었다. 석양의 햇빛을 받아 붉게 물들어 찬란하게 반짝이는 성전을 상상해 보라. 가난한 과부들이 낸 동전 두 개만 헌금함에 들어왔더라면 그와 같은 영광스러운 건물은 결코 세워질 수 없었을 것이다.

웅장하고 튼튼하고 화려한 것들은 오늘날 우리에게도 거룩함과 안전성과 영광스러움의 상징이다. 진시황은 '북방 오랑캐'의 침략을 막기 위해 웅장한 만리장성을 지었다. 그 성은 매우 크고 튼튼한 바위로 만들어졌다. 고구려의 막강한 군사력은 수많은 성에 그 원천이 있었다고 한다. 이 성들은 우리에게 얼마큼의 안정과 평화를 가져다주는가? 솔로몬은 화려한 성전과 함께 튼튼한 예루살렘 성을 축성했다. 예수를 따른다고 하는 이들은 지난 이천 년 동안 화려하고 웅장한 성당과 예배당을 끊임없이 만들었다. 그 거대한 성당과 예배당

건설은 과연 무엇을 의미할까? 그것들은 가장 정의로운 나라의 다스림을 드러내 주었는가? 그런 흙과 돌과 쇠로 만든 건물들이 해방을 가져왔는가?

사람들이 세워 올린 건물들은 결코 우리 영혼에 지속 가능한 평안을 줄 수 없다. 우리는 우리 안전을 확보하기 위해 돈과 부동산을 모은다. 우리는 우리가 만든 성 안에서, 그 성의 화려함 속에서, 그 성의 웅장함 속에서, 그 성의 견고함 속에서 우리 평안을 바란다. 우리의 평화는 동전 두 닢을 내고 얻을 수 있는 영원한 평안, 순수한 평안과 너무 멀리 떨어져 있다. 순수한 평안을 애타게 바라기에는 이미 우리는 너무 화려해져 있다. 우리는 다른 사람들이 우리를 칭찬하기를 바란다. 당신의 성곽은 정말 굉장하군요! 당신의 성전은 정말 화려하군요!

당시 종교 지도자들은 가난하고 불순한 사람들이 떳떳하게 살 수 없는 사회 및 종교 체제를 만들었다. 그들은 성실한 종교 생활에서 자기 삶의 안전을 찾았다. 그들의 종교 행위들은 사람들에게 인정받았고 그런 인정과 존경과 찬사가 그들의 마음을 편안하게 했다. 화려하고 거룩하고 웅장한 예루살렘 성전 시스템은 그러한 사회 및 종교 체제의 중추이다. 그들은 그 성전 속에 하나님께서 머문다는 믿음을 사람들 마음에 심었다.

당시의 예루살렘 성전은 민중들에게 세상의 축이나 다름없었다. 세상이 그 축을 중심으로 돌아갔다. 가난한 과부조차 그 축을 중심으로 살아야 했다. 오직 하나님 안에서만 삶의 안전을 찾는 가난한 과부는 그 체제에서는 찬사를 얻기는커녕 늘 부끄러움 속에서 살아야 한다. 예루살렘 성전은 해방의 중심이 아니라 지배와 억압의 중심이었다. 그것은 오히려 죄인들을 마구 만들어 내는 악의 축 같은 것이었다.

예수는 전혀 다른 눈으로 성전을 보고 있었다. 눈에 보이는 그 성전은 단지 사람의 손으로 지은 건물에 불과하다. 그것은 영원한 평화를 주지 못한다.

그대는 이 큰 건물들을 보고 있습니까? 여기에 돌 하나도 돌 위에 남지 않고
다 무너질 것입니다. 마가13:2

예수는 성전을 중심으로 형성된 지배 시스템이 언젠가 철저하게 파괴되고 말
것임을 경고했다. 예루살렘 성전보다 훨씬 강력한 로마 제국이 출현하여 예루
살렘을 파괴할 것이다. 로마가 새로운 축을 만들어 모든 사람이 그 축을 중심
으로 돌게 할 것이다. 바위와 강철과 무기로 만든 성곽은 평화를 주지 못한다.
예수는 예루살렘 성을 보고 울었다. "오늘 네가 평화에 이르는 길을 알았더라
면 좋을 터인데. 그러나 지금 너는 그 길을 보지 못하는구나." 누가19:42

이 경고의 소리는 오늘날 돈과 부동산을 통해 삶의 안전을 추구하는 우리에
게 생생하게 울려온다. 우리는 재화의 한계를 잘 알아야 한다. 예수는 자신의
재산, 소유물, 보물, 자기가 소중히 여기는 것을 땅에 쌓아 두지 말고 하늘에
쌓아 두라고 말한다.

자기를 위해서 소중한 것을 땅에 쌓아 두지 마십시오. 땅에서는 좀이 먹고 녹
이 슬어서 망가지며 도둑들이 뚫고 들어와서 훔쳐 갑니다. 그러므로 그대의
소중한 것을 하늘에 쌓아 두십시오. 거기에는 좀이 먹거나 녹이 슬어서 망가
지는 일이 없고, 도둑들이 뚫고 들어와서 훔쳐 가지도 못합니다. 마태6:19~20

소중한 것을 '땅'에 쌓아 두는 것은 무엇이고 '하늘'에 쌓아 두는 것은 무엇인
가? 예수의 심상에 떠오른 '하늘'은 '하나님의 다스림'을 이야기할 때 떠오르
는 '하나님이 다스리는 곳'일 것이다. 땅과 하늘의 대비는 일시성과 영원성, 불
안과 평안의 차이를 극대화한다.

누가복음 12장 33절에는 어떻게 하는 것이 자기 소중한 것을 '하늘'에 쌓아

두는 것인지 어렴풋이 나타나 있다.

> 그대가 가진 것을 팔아서 가난한 사람에게 드리십시오. 그대 자신을 위해 낡아지지 않는 보물 주머니를 만드십시오. 도둑이 훔치지도 못하고 좀 먹지도 않는 하늘에 그대 소중한 것을 안전히 보관하십시오.

소중한 것을 하늘에 쌓아 두는 것은 그것을 어려움에 처한 타인을 도우는 데 쓰는 것과 관련되어 있다. 우리의 자본, 우리의 보물, 우리가 소중히 여기는 것, 우리의 능력은 가난한 이를 살리고, 억눌린 이를 풀어 주고, 슬픈 이를 어루만지고, 앓는 이를 고치는 데 써야 한다. 가장 정의로운 나라의 시민은 자신의 자본과 능력을 타인을 해방하는 데 쓴다.

우리의 능력과 자본을 자신만의 안전과 영광을 위해 쓰는 것은 보화를 땅에 쌓는 것에 불과하다. 그것은 곧 파괴될 거대한 성곽과 화려한 성전을 이 땅에 짓는 것에 불과하다. 하지만 우리 능력과 자본을 타인을 사랑하는 데 사용하는 것은 하늘에 보화를 쌓아 두는 것이다. 예수는 자기 소중한 것을 하늘에 쌓아 두라고 말한 뒤 마태복음 6장 20절과 누가복음 12장 34절에서 다음과 같이 말한다.

> 그대에게 소중한 것이 있는 곳에 그대 마음도 있습니다.

이것은 이렇게 옮기도 한다. "그대의 보물 창고가 있는 곳에 그대의 마음도 역시 있습니다."

우리 마음이 있는 곳이 곧 우리가 있는 곳이다. 우리가 하늘의 나라 곧 가장 정의로운 나라의 시민인지 아닌지는 우리 마음이 어디에 있는지에 달려 있다.

우리 마음이 어디에 있는지는 우리가 소중히 여기는 것이 어디에 있는지에 달려 있다. 우리 능력과 자본을 해방과 은총과 사랑에 투자하는 것이 곧 우리가 소중히 여기는 것을 하늘에 쌓아두는 것이다. 우리가 소중히 여기는 것은 어디에 자리 잡고 있는가? 우리 관심의 초점은 어디를 향하고 있는가? 우리는 무엇을 가치 있게 여기는가? 우리는 그것을 땅에 쌓아 두고 있는가 하늘에 쌓아 두고 있는가?

10
평화를 위해 싸우는 칼

"칼이 없는 사람은 옷을 팔아서 칼을 사십시오!" 예수의 이 말은 누가복음 22 장 36절에 나온다. 이 말을 들은 예수의 제자들은 실제로 칼을 준비하여 예수 앞에 놓는다. "주님, 보십시오. 여기에 칼 두 자루가 있습니다."^{누가22:38} 어떤 이들은 예수의 이 말을 무기를 소지해서 스스로를 보호할 것을 권하는 말로 해석한다. 누가복음의 맥락에 따르면, 예수의 표면상 의도는 구약 예언의 성취를 염두에 둔 것 같다. "제가 그대들에게 말합니다. '그는 무법자들과 한 패로 몰렸다'고 하는 이 성경 말씀이 저에게서 반드시 이루어져야 합니다. 정말로 저에 관하여 기록한 일은 이루어지고 있습니다."^{누가22:37} 예수는 실제로 모세의 율법을 어기는 죄인들과 한 패를 이루어 어울려 다녔다.

칼을 준비하라는 예수의 진짜 의도는 무엇인가? 이런 일이 일어난 후 예수와 제자들은 겟세마네 동산 또는 올리브 산으로 기도하러 올라간다. 이윽고 예수의 제자 중 급진주의자 유다의 협조를 받은 체포조가 예수를 습격한다. 예수 체포조는 로마제국 병정과 예루살렘 성전 경비병으로 이루어져 있다. 성전 경비병은 유대교 대제사장 가야바 및 바리새파 장로들의 지휘를 받고 있다. 이때 예수의 제자들 가운데 하나가 예수에게 묻는다. "주님, 우리가 칼을 쓸까요?"[누가22:49] 이 말이 나오기 무섭게 베드로가 체포조 가운데 한 사람인 말고의 귀를 친다.[요한18:10] 예수가 제자들에게 준비하라고 했던 그 칼들이 여기에 사용되고 있다.

정말 그 칼은 예수 자신을 보호하기 위해 준비된 것인가? 예수는 베드로에게 곧장 말한다. "그만 두세요!"[누가22:51] "그대 칼을 칼집에 도로 꽂으세요. 칼을 쓰는 사람은 모두 칼로 망합니다."[마태26:52] 예수는 말고의 귀를 치료하고 무장한 군인들에게 말한다. "그대들은 강도를 잡듯이 저를 잡으려고 칼과 몽둥이를 들고 왔군요!"[마태26:55] 그리고는 그들에게 순순히 체포된다. 이와 같이 예수는 자기와 제자들을 보호할 목적으로 칼을 준비하라고 말한 것이 아니다. 그는 처음부터 체포에 순순히 응할 작정이었다. 또한 예수는 살상 무기의 사용 또는 살상 전쟁에 찬성하지 않았다. 칼을 쓰는 사람은 모두 칼로 망한다!

우리는 예수가 준비하라 말했던 그 칼이 금속으로 만든 칼인지 의심할 필요가 있다. 많은 성경 해석자들은 "칼이 없는 사람은 옷을 팔아서 칼을 사십시오"라는 예수의 말씀을 제자들이 오해했다고 본다. 제자들이 칼 두 자루를 준비해 오자 예수는 다음과 같이 말한다. "넉넉하군요!"[누가22:38] 이것을 일상용어로 바꾸면 이렇게 될 것이다. "그만 됐습니다!"

예수의 의도가 정확히 무엇인지 파악하기 어렵다. 다만 예수는 제자들이 자기를 배신하고 달아날 것을 예상하고, 그들의 장래 행태들을 미리 허용한 것으로 보인다. 예수의 제자들은 로마 총독부와 대제사장의 군사들과 군중들이 자기들을 소탕할 것이라는 생각 때문에 두려움에 떨 것이다. 그들은 모두 흩어져 도피 생활을 해야 할 것이다. 실제로 예수가 체포되자마자 "제자들은 모두 예수를 버리고 달아났으며"[마태26:56], 마가복음을 쓴 제자는 벌거벗은 몸으로 도망가기도 했다.[마가14:52] 그들은 앞으로 공포에 젖을 것이고 매우 굶주릴 것이다. 그래서 예수는 돈주머니를 챙기고, 식량 자루를 준비하고, 칼을 구입하라고 말했던 것이다.[누가22:36]

예수는 제자들에게 이렇게 말하고 싶었을 것이다.

> 도망가고 싶으면 도망가세요. 그러려면 도피 자금이 필요할 것입니다. 돈을 챙기세요. 숨어 있다 보면 식량 구하기가 힘들 것입니다. 비상식량도 준비하세요. 잡혀 죽지 않을까 공포에 떨 것입니다. 두려움을 줄이고 싶다면 칼을 구입하세요. 저는 그대들의 이러한 약함을 나무라지 않을 것입니다. 저를 배신하고 저주한다 하더라도 그대들을 탓하지 않을 것입니다.

예수의 진정한 의도가 무엇이든 그는 제자들에게 실제 무기로 무장할 것을 권고한 것이 아니다. 제자들은 쇠로 만든 칼을 준비했지만 그들이 실제로 준비해야 할 것은 가장 정의로운 나라의 승리를 믿는 것이다. 잠시 "어둠의 권세가 판을 치는 때"[누가22:53]에도 정의와 평화의 길을 잊지 않는 것이다.

예수의 정치 이념은 평화와 사랑이었다. 예수의 말씀과 행위에 나타난 가장 정의로운 나라의 통치 이념은 해방과 사랑과 평화이다. 따라서 우리는 "칼이 없는 사람은 옷을 팔아서 칼을 사십시오"라는 예수의 말씀을 그의 기본 노선과 조화되는 방식으로 해석해야 한다. 그는 분명 칼에 대해 칼로 맞서는 것을 반대했다. 그가 보여준 것은 비폭력 투쟁이었다. 이것은 마하트마 간디, 앙리 뒤낭, 마르틴 루터 킹, 넬슨 만델라, 김대중 등이 잘 보여 준 바이다. 이런 의미에서 중세의 십자군 전쟁, 미국 부시의 전쟁들, 팔레스타인 사람들에 대한 현재 이스라엘의 대응은 가장 정의로운 나라의 통치 노선과 조화를 이룰 수 없다.

예수는 칼을 지니는 행위가 사악한 행위라고 말하지는 않았다. 하지만 그는 인간 해방과 자유가 그런 행위를 통해 이루어진다고 생각하지 않았다. 예수는 그것이 사랑과 환대, 용서와 용납을 통해서 이루어진다고 우리에게 말한다.

> 평화를 이루는 사람들에게 축하드립니다. 하나님이 그들을 자기 자녀라고 부르실 것입니다. 옳은 일을 하다가 괴롭힘을 당하는 사람들에게 축하드립니다. 그들은 지금 하나님 나라의 시민입니다. ^{마태5:9~10}

평화를 좋아하고 전쟁을 싫어하는 태도는 우리 인류에게 매우 귀중한 정신 자산이다. 그 자산을 증식하는 것, 그것을 퍼트리는 것은 원자폭탄 하나보다 더 큰 힘을 발휘할 수 있다. 타인을 벌벌 떨게 함으로써 평화를 얻는 것은 결코 오래 갈 수 없다. 그것은 가짜 평화이다. 초강대국 미국조차도 평화를 얻지 못하는 이유는 바로 여기에 있다.

군사 무장은 예수가 의도한 것이 아니고 다만 공포에 떠는 인간들의 차선책일 뿐이다. 군대와 무기의 목적은 전쟁의 방지에 있는 것이지 전쟁의 확산과 대량 살상에 있는 것이 아니다. 국가의 군대는 전쟁을 막기 위해 만들어졌다. 군대는 전쟁이 나쁘다는 전제 위에서 존재한다. 군대는 전쟁이 좋다는 전제 위에서 존재하는 것이 아니다. 군대는 전쟁을 즐기기 위해 존재하는 것이 아니다. 군대는 오히려 전쟁 자체를 막기 위해 존재한다. 군대의 이념은 바로 여기에 놓여 있어야 한다. 군대의 제일차 목표는 인명 보호, 평화 확장, 인권 신장이어야 한다. 군인은 사람의 존엄을 수호하는 존재이다. 군인은 그것을 지키기 위해 훈련하고 희생한다. 그가 들고 있는 총과 대포는 흉기가 아니라 방패이다.

군인이 인간 존엄성을 훼손하는 일에 동참할 것을 강요당할 때 그는 그것을 거부할 의무가 있다. 그것을 거부하는 것은 정당한 항명이다. 군인과 경찰이

4.19와 5.18 민주화 항쟁 때 시민들에게 발포하는 것은 자기 의무를 저버린 것이다. 정당한 항명을 하지 않는 것은 인류 최고 법령에 항명하는 것이다.

히틀러의 군인들은 인류 최고 법령에 따라 항명하는 데 완전히 실패했다. 만일 그들이 목숨 걸고 싸울 용사의 용맹을 지니고 있었다면, 오히려 먼저 부당한 명령에 목숨을 걸고 항명해야 했다. 아우슈비츠의 군인들은 용사의 용맹함이 없었기 때문에 수백만 명을 학살하는 데 동참했다. 히틀러의 명령 앞에서 독일 군대는 나약했기 때문에 항명해야 할 때 항명하지 않고 군인의 사명을 어겼다. 동아시아 민중들을 학살했던 히로히토의 군인들은 군인의 사명을 어겼다. 그들이 군인의 사명을 어긴 이유는 단순히 무기가 없었기 때문이 아니다. 군인은 무기만으로 자기 사명을 완수하지 못한다. 참된 군인은 평화에 대한 열정으로 자기 사명을 완수한다.

일본의 기독교인 우찌무라 간조의 '전쟁 절대 폐지론'은 이런 점에서 매우 나약한 견해일 뿐이다. 그는 "단 하나의 발언이라도 전쟁 찬성의 발언을 해서는 안 되며, 단 한 표라도 전쟁 찬성을 위해 투표해서는 안 된다"고 말했다. 참 좋은 말처럼 들린다. 하지만 그는 일제의 조선 압제에 대해서는 전혀 비판하지 않았다. 그는 전쟁 절대 폐지론을 내세우며 항일 투쟁 자체도 나쁘게 보았다.

간디는 폭력에 대해 비폭력으로 투쟁하는 '싸우는 비폭력주의'를 지지했다. 반면 우찌무라는 폭력에 대해 아무 저항을 하지 않는 '싸우지 않는 비폭력주의'를 지지했다. 그는 실제로 일본 제국에 전혀 저항하지 못했다. 가장 정의로운 나라의 시민이 가져야 하는 자세는 싸우지 않는 비폭력주의가 아니라 싸우는 비폭력주의여야 한다. 예수는 비폭력을 유지하면서 사람들을 해방하기 위해 싸웠다. 그것이 진정한 평화의 길이다.

우찌무라의 후계자들 중 한 사람인 츠카모토는 일제의 전쟁에 대해서는 아무 말도 하지 않고 오직 그리스도의 십자가만 말하겠다고 선언했다. 또 다른 후계자인 아제가미는 "전쟁 문제는 그리스도교 입장에서 본다면 제2의 문제"라면서 아시아 민중들이 당하고 있었던 비참함을 완전히 무시했다. 이들은 평화의 길을 걸었던 것이 아니라 오히려 일본 제국의 방식에 동조했다. 츠카모토는 일본군의 만주사변 승전을 찬양했다. "유럽과 미국 사람이 오늘날 우리나라 무력의 강대함에 혀를 내두르는 것은 당연하다." 이처럼 싸우지 않는 비폭력주의는 반전은커녕 참전으로 변질될 위험을 갖고 있다.

독립군의 독립전쟁과 안중근의 요인 암살은 분명 우리나라 국민을 보호하기 위한 정당방위로 이해할 수 있다. 그들은 분명 군인의 합당한 길을 걸었다. 하지만 평화를 앞당기는 길은 오히려 다른 곳에 있을지 모른다. 앙리 뒤낭이 보인 적십자 운동 같은 비폭력 전투는 평화를 앞당기는 길 가운데 하나이다. 아군과 적군을 함께 치료하는 아군의 적십자는 아군의 전투력을 저하시키지 않는다. 그들은 오히려 전쟁을 더 빨리 종식시킬 것이다. 예수가 우리에게 보인 평화의 길은 싸우지 않는 비폭력이 아니다. 예수의 길은 싸우는 폭력도 아니다. 가장 정의로운 나라는 평화를 이루기 위해 지금 싸운다. 그 나라는 은총과 사랑을 통해 사람들을 해방한다. 그 나라는 은총과 사랑을 무기로 싸운다.

제3부

사람, 하늘과 땅 사이에 삶

1
하늘이 있다고 생각해 보라!

하늘이 없다면 어떻게 될까? 존 레논의 '이매진'은 이렇게 노래한다.

하늘이 없다고 상상해 보세요. 해 보면 쉬운 일입니다. 저 아래는 지옥도 없고 저 위에 창공만 있습니다. 모든 사람들이 오늘을 위해 산다고 상상해 보세요. 나라들이 없다고 상상해 보세요. 어렵지 않은 일입니다. 죽이고 죽을 일도 없습니다. 종교 역시 없다고 상상해 보세요. 모든 사람들이 자유롭게 사는 걸 상상해 보세요. 제가 몽상가라고 말할지 모르겠군요. 하지만 전 혼자가 아닙니다. 언젠가 당신도 함께 참여하길 빕니다. 그리고 세계가 하나가 되어 살길 빕니다. 소유가 없다고 상상해 보세요. 당신이 상상할 수 있을지 모르겠네요. 탐욕도 궁핍도 없고 형제자매애만 있습니다. 모든 사람들이 모든 것을 나누는 그런 세상을 상상해 보세요.

이 노래에는 '헤븐'뿐만 아니라 '스카이'라는 낱말이 나온다. '헤븐'은 아마도 마태가 사용한 '하늘나라' 또는 '천국'에서 따온 말로 보인다. '헤븐'과 지옥을 뜻하는 '헬'이 대구를 이루는 것은 이를 잘 말해 주고 있다. '헤븐'은 '하늘'로 옮기고 '스카이'는 그냥 '창공'으로 옮겼다.

이매진이 노래하는 세계는 참으로 아름답다. 이 노래는 세계가 하나 되어 사는 것을 바란다. 그런 세계를 상상하기 위해 소유가 없는 세계를 상상해야 한다. 그런 세계에서는 탐욕도 궁핍도 없고 형제자매애만 있을 것이다. 그곳은 모든 사람들이 모든 것을 나누는 그런 세상이 될 것이다. 이매진은 소유를 고집하는 세상을 비판하고 있다. 이매진은 더 날카로운 비판을 품고 있다. 모든 사람들이 모든 것을 나누고 세계가 하나 되어 사는 데 가장 걸림돌이 되는 것은 종교이다. 특별히 유대교, 기독교, 이슬람교.

인류가 서로 죽이는 일은 왜 일어나는가? 그것은 종교들과 결합된 국가들 때문이다. 전쟁이란 자기들만의 하늘나라를 얻기 위한 민족과 민족, 국가와 국가의 투쟁이다. 그래서 이매진은 노래한다. "하늘이 없다고 상상해 보세요. 나라들이 없다고 상상해 보세요. 종교 역시 없다고 상상해 보세요. 모든 사람들이 오늘을 위해 산다고 상상해 보세요." 이매진은 그것이 가능하다고 믿는다. 왜냐하면 저 아래는 지옥이 없고 저 위에는 창공만 있을 뿐이기 때문이다. 하늘나라 따위는 없기 때문이다. 죽어서 가는 하늘나라를 믿고 그런 종교를 따르는 것은 단지 미래를 위해서만 사는 것이다. 그것은 오늘을 사는 일과 거리가 멀다. 하늘나라나 종교를 부정할 때 비로소 우리는 오늘을 위해 살 수 있다.

존 레논의 이매진이 바라는 세상은 예수가 바라는 세상과 거리가 멀지 않다. 예수는 당시 종교 행태를 비판하고 제국의 행태를 비판했다. 하지만 예수는 나라를 말하고 하늘을 말한다. 그는 나라가 있어야 한다고 생각했다. 그는 하늘이 있어야 한다고 생각했다. 그는 "하늘이 없다고 상상해 보세요"라고 말하지 않는다. 오히려 "하늘이 있다고 상상해 보세요"라고 우리에게 말하고 있다.

'하늘'을 한국에서는 '하늘님' 또는 '하느님'이라 한다. '하느님'은 여러 이름을 갖고 있다. 한국의 개신교 신자들은 오직 하나만 존재하는 그 하느님을 '하나님'이라 부른다. '하느님'은 흔히 보통명사로 쓰이는 반면 '하나님'은 흔히 고유명사로 쓰인다. 여태 우리는 고유명사 '하나님'을 줄곧 써왔다. 이제 '하나님' 대신에 보통명사 '하느님'을 쓰고자 한다. 우리는 예수가 가진 '하느님' 개념을 이해하고 싶다.

예수의 이매진은 이렇게 노래한다.

> 기댈 곳이 없어 오직 하느님에게만 기대는 사람들에게 축하드립니다. 그들은 지금 하느님 나라의 시민입니다. 슬퍼하는 사람들에게 축하드립니다. 하느님이 그들을 위로할 것입니다. 온유하고 겸손한 사람들에게 축하드립니다. 그들이 땅을 차지할 것입니다. 먹고 마시는 것보다 모든 이들이 올바르게 대접받기를 바라는 사람들에게 축하드립니다. 그들은 바라는 것을 얻게 될 것입니다. 자비로운 사람들에게 축하드립니다. 하느님이 그들을 자비롭게 대하실 것입니다. 마음이 깨끗한 사람들에게 축하드립니다. 그들은 하느님을 볼 것입니다. 평화를 이루는 사람들에게 축하드립니다. 하느님이 그들을 자녀라고 부르실 것입니다. 옳은 일을 하다가 괴롭힘을 당하는 사람들에게 축하드립니다. 그들은 지금 하느님 나라의 시민입니다. 마태5:3~10

원래 '마음이 가난한 사람'이라 되어 있는 것을 예수의 의도를 살려 '기댈 곳이 없어 오직 하느님에게만 기대는 사람'이라고 풀었다. 마찬가지로 '의에 주리고 목마른 사람'을 '먹고 마시는 것보다 모든 이들이 올바르게 대접받기를 바라는 사람'이라고 풀었다.

누가복음에 나오는 예수의 이매진은 조금 다른 노랫말이 담겨 있다.

가난한 그대들에게 축하드립니다. 그대들은 지금 하느님 나라의 시민입니다. 지금 굶주린 그대들에게 축하드립니다. 그대들은 앞으로 배부르게 될 것입니다. 지금 슬퍼 우는 그대들에게 축하드립니다. 그대들은 앞으로 웃게 될 것입니다. 누가6:20-21

마태복음의 '하늘나라가 그들의 것입니다'를 '그들은 지금 하느님 나라의 시민입니다'라고 풀었다. 누가복음의 '하느님 나라가 그대들의 것입니다'는 '그대들은 지금 하느님 나라의 시민입니다'로 풀었다.

원문에서 눈여겨보아야 할 것이 있다. 그것은 문장들의 시제이다. "하느님이 그들을 위로할 것입니다", "그들이 땅을 차지할 것입니다", "그대들은 앞으로 배부르게 될 것입니다" 등은 미래 시제로 되어 있지만, "그들은 지금 하느님 나라의 시민입니다"는 현재 시제로 되어 있다.

예수는 하늘이 없다고 상상하는 것이 우리의 해방을 앞당긴다고 생각하지 않는다. 그는 나라가 없다고 상상하는 것이 우리의 해방을 앞당긴다고 생각하지 않는다. 오히려 그는 '하느님 나라'를 말한다. 그는 가장 정의로운 나라의 다스림을 갈구한다. 하늘이 없고 종교가 없다고 해서 사람들이 오늘을 위해 살게 되는 것은 아니다. 종교가 없고 나라가 없다고 해서 사람들이 서로 죽이는 일을 멈추게 되는 것은 아니다. 그런 것이 없다고 모든 사람들이 자유롭게 살게 되는 것은 아니다. 그런 것이 없다고 세계가 하나 되어 살게 되는 것은 아니다.

소유가 없는 세계, 탐욕도 궁핍도 없고 형제자매애만 있는 세계, 모든 사람들이 모든 것을 나누는 그런 세계는 하늘 없이, 나라 없이 오지 않는다. 예수는 오히려 하늘이 있어야 한다고 생각했다. 그는 가장 정의로운 다스림이 펼쳐지는 곳에서 우리가 해방될 수 있다고 믿었다. 그는 마태복음 6장에서 기도

한다.

하늘에 계신 우리 아버지! 가장 정의로운 나라의 다스림이 지금 여기 이 땅
에도 미치게 해 주십시오. 가장 정의로운 이의 뜻이 이 땅에서도 이루어지게
해 주십시오.

2
그의 다스림이 그를 말해 준다

예수는 하늘 즉 하느님이 있어야 한다고 생각했다. 하지만 예수는 하느님을 직접 묘사하지 않는다. 예수는 하느님을 직접 묘사하는 대신 하느님이 다스리는 나라를 이야기한다. 예수는 이처럼 하느님이 다스리는 방식을 통해 하느님이 어떤 존재인지 말하고자 한다. 하느님의 나라는 은총과 사랑으로 사람들을 해방하고 만물을 화해시키는 데 자기 통치력을 쏟아 붓는다. 그 나라는 가장 정의로운 나라이다. 나아가 예수는 자기 말과 행위를 통해 그 나라의 다스림이 이 땅에서 지금 발휘되고 있다고 말한다. 심지어 그는 가장 정의로운 나라의 행정 수반으로 자신을 자리매김한다.

하느님이 어떤 존재인지 알기를 원한다면 우리는 먼저 그의 나라를 알아야한다. 무엇보다 하느님 나라, 하늘나라, 천국은 천당이 아니다. '천당'은 성경에 단 한 번도 나오지 않는 정체불명의 개념이다. 하느님 나라를 천당으로 오해하게 된 첫째 이유는 '천국'이라는 말 때문이다. '천국' 또는 '하늘나라'는 성경에서 모두 37번 나오는데 디모데후서 4장 1절의 한 번을 제외하고 모두 마태복음에서 발견할 수 있다. '천국' 또는 '하늘나라'는 마태의 용어이며, 예수는 이 말을 쓴 적이 없다.

불행히도 일상어에서 '천국'은 너무나 자유분방하게 사용된 나머지 이 용어의 진정한 의미가 상실되었다. 예컨대 우리가 죽으면 우리 영혼이 천국에 들어간다고 말한다. 이런 은유는 예수의 메시지를 흐리게 하는 데 일조했다. 이런 용례는 성경에서 사용된 적이 전혀 없다. '예수천당 불신지옥'이라는 구호는 예수의 메시지를 완전히 왜곡하는 것이다.

요한계시록의 '새 예루살렘'이나 '거룩한 성'도 예수의 기쁜 소식을 흐리게 하는 개념이다. 여기서 '성'은 오늘날 개념으로 '도시'에 가깝다. 요한계시록에 묘사된 거룩한 도시는 인간의 해방과 구원 기획이 완성된 시공간이다. 인류는 돌도끼를 사용한 후 차츰 처음 도시를 건설했고 1만 년 동안 도시를 보완하고 개선해 왔다. 우리가 언젠가 최후의 도시에 거주하게 될 때 모든 슬픔과 외로움과 저주가 사라질지 모른다. 그곳에서는 아무도 굶주리거나 목마르거나 무섭고 추워 떠는 일이 없을 것이다.

우리는 지금 최후의 거룩한 도시에 살고 있지 않다. 우리는 여전히 여기 쓸쓸하고 차가운 땅 위에 살고 있다. 하지만 예수는 지금 우리가 하늘나라 또는 하느님 나라에 살고 있다고 말한다. 예수의 사명은 거룩한 도시가 우리들을 위해 준비되어 있다는 소식을 전하는 것이 아니었다. 오히려 가장 정의로운 다스림이 이 땅에 미치고 있으며 은총과 사랑으로 사람들을 해방시키고 있다는 소식을 전하는 것이었다. 그의 나라는 이 땅의 모든 눈물과 모든 고통과 모든 죽음을 지금 당장 제거하지는 않는다.

예수는 하늘에 있는 궁전을 말하지 않았다. 오히려 예수는 하느님의 나라를 말했다. 여기서 '나라'라는 개념은 오해의 여지가 많다. '나라'의 바른 용례는 예수가 제자들에게 가르쳐 준 기도에 매우 잘 나타나 있다. 주기도문에서 예수는 하느님의 나라가 오게 해 달라고 기도한다.

그 나라를 오게 하여 주시며 그 뜻을 하늘에서 이루심 같이 땅에서도 이루어 주십시오. 마태6:10

예수가 오기를 기도한 것은 하느님의 국토가 아니라 그의 통치력이다.

예수는 "하느님 나라를 오게 하여 주십시오"를 "하느님의 뜻을 하늘에서 이루심 같이 땅에서도 이루어 주십시오"로 달리 쓰고 있다. '하느님 나라가 온다'는 것은 '하느님의 의지가 하늘에서와 마찬가지로 땅에서도 실행된다'를 뜻한다. 그 나라가 이 땅에 온다는 것은 하느님의 의지, 그의 힘, 그의 다스림이 이 땅에 역력히 미치는 것을 뜻한다. 따라서 하느님 나라는 하느님이 왕좌에 앉아 있는 특정 지역을 뜻하지 않는다. 그것은 하느님의 주권, 통치력, 다스림, 정치, 정부를 뜻한다.

예수는 하느님 나라를 특정 영토나 성곽 또는 도시로서 묘사하지 않는다. 오히려 어떠어떠한 활동으로 비유한다. 하느님 나라는 물리 공간이 아니라 활동 또는 사건이다. 그 활동은 무슨 활동인가? 그것은 해방하고 화해하는 활동이다. 예수는 사람들을 해방하고 화해하는 활동이 이 땅에서 지금 벌어지고 있다는 소식을 전했다. 그의 소식은 가난하고 억눌린 이들에게 기쁜 소식이 되었다. 예수는 자기 역할이 기쁜 소식을 전하는 전령에 그친다고 생각하지 않았다. 그는 기쁜 소식을 실현시키는 자로서 자임했다. 다시 말해 그는 하느님의 나라가 이 땅에 실현되게 하는 그 나라의 대표자로 자임했다. 예수는 자신을 하느님 나라의 행정 수반, 한국에서 쓰는 말로 표현하면, 그 나라의 대통령으로 자임했다.

예수 당시에 삼권분립 개념이 없었기 때문에 예수는 오히려 하느님 나라의 '총통'이다. 예수는 그 나라의 행정권과 입법권과 사법권을 모두 행사하는 통치자이다. 하지만 예수는 하느님의 나라를 이야기할 때 입법권과 사법권이 아니라 행정권을 강조했다. 역사상 교회 권력은 바로 이 점을 파악하는 데 거의 실패했다. 그들은 예수의 사법 지위를 지나치게 강조했다. 마치 교회 권력이 예수의 사법 지위를 대리하는 양 세상을 향해 칼을 휘두르며 설쳐 대었다.

교회 권력이 세상 사람들을 향해 사법권을 행사하는 것은 예수의 메시지를 완전히 왜곡하는 짓이다. 역사상 교회가 인류에게 저지른 가장 악랄한 범죄들은 예수의 사법 지위를 악용한 데서 유래했다. 이교도 학살, 문명 파괴, 십자군 전쟁, 마녀사냥, 종교재판, 고문, 종교전쟁, 식민지 지배 등은 교회 권력을 장악한 이들이 예수의 사법 지위를 임의로 수임한 사례들이다. 하지만 예수는 십자가에 매달려 죽을 때까지 자신의 사법 지위를 좀처럼 드러내지 않았다. 설사 사법권을 드러낸다 하더라도 그는 처벌이 아니라 용서의 방식으로 드러내었다.

예수는 하느님의 나라를 마지막 날의 심판과 그 심판의 무시무시함을 통해 묘사하지 않는다. 지금 여기서 그 나라의 통치자는 사법권이 아니라 행정권을 행사한다. 그 나라의 행정력은 하느님으로부터 멀어진 사람들을 다시금 하느님 곁으로 불러 모으는 데 집중한다. 사람들이 하느님 곁으로 가까이 간다는 것은 무엇을 뜻하는가? 그것은 그가 하늘로부터 부여받은 존엄을 회복한다는 것을 뜻한다.

세속의 통치자와 종교 위선자들은 불완전과 허물과 흠과 죄를 빌미로 사람들을 모욕하고 따돌리고 배제한다. 세속의 통치자와 종교 위선자들은 타인들을 하느님으로부터 오히려 멀리 떨어뜨려 놓는다. 하지만 예수는 그 나라의 행정 수반으로서 버림받은 사람들과 어울리며 그들을 인정했다. 그 나라의 통치자 예수는 이로써 그들을 존엄을 가진 본래의 인격체로 되돌려 놓고자 하였다.

예수가 이 땅에 건설하고 있었던 하느님 나라는 특정 영토가 아니다. 그것은 존중받지 못한 채 사람다운 삶을 살지 못하는 사람들을 다시금 사람으로서 살도록 하는 활동이다. 그것은 해방의 통치력이자 행정력이다. 예수는 그 해방의 힘, 은총의 힘, 사랑의 힘으로서 '하느님', '하느님의 영', '하느님의 마음'을 말하고 있다. 원래 '영', '마음'은 운동의 원동력을 뜻한다. 이 힘, 동력, 활동, 통치력, 정치는 미래가 아니라 현재에 발휘되고 있다. 바로 예수가 행동하고 있는 그 현재, 지금 우리가 살아가고 있는 이 현재에. 해방하는 힘은 지금 우리 곁에 가까이 와 있다. 예수는 그 힘을 마냥 기다리라고 우리에게 말하지 않는다. 예수 자신이 바로 그 힘의 화신이 되었다.

예수가 나사렛 회당에서 이사야 61장 1절에서 2절까지 읽은 후 "이 성경 말씀이 그대들이 듣는 가운데 오늘 이루어졌습니다"^{누가4:21}고 말할 때 그 나라는 이미 시작되었다. 자신의 악령 축출 활동이 바알세불의 힘을 빌린 것이라는 모함에 직면하여 "제가 하느님의 영을 힘입어 악령을 내쫓는다면 이것은 하느님 나라가 그대들에게 이미 왔다는 것을 보여 줍니다"^{마태12:28}고 말했을 때 예수는 해방하는 힘이 자신을 통해 지금 강력하게 작용하고 있다고 말한 셈이다. 그 힘을 느끼고 수용하는 것은 우리의 선택에 달려 있다.

예수는 그 나라의 대표자로서, 하느님의 이름으로, 자신의 말과 행위를 통해, 해방의 힘을 발휘했다. 예수는 통상의 신학자나 철학자들처럼 하느님을 묘사하지 않는다. 예수에게 하느님은 가장 정의로운 나라를 다스리는 힘으로 나타난다. 그 힘은 사람들을 해방하는 사건들을 창출하고 있다. 그 힘은 전혀 난폭하지 않으며 사람들을 두려움에 떨게 하지 않는다. 예수는 그 하느님을 역사상 최초로 '아빠'라고 불렀다.

아빠, 아버지, 아버지께서는 모든 일을 하실 수 있습니다. 제게서 이 잔을 거두어 주십시오. 하지만 제 뜻대로 하지 마시고 아버지의 뜻대로 해 주십시오.^{마가14:36}

복음서에 나오는 거의 모든 구절을 의심하는 일부 문헌학자들조차도 하느님을 '아빠'라고 불렀던 인물로 예수를 지목하는 데 반대하지 않는다.

예수는 자기 아버지가 다스리는 나라를 묘사함으로써 자기 아버지를 묘사했다. 그의 나라는 그가 누구인지를 말해 준다. 예수는 하느님을 한없이 넓게 팔을 벌리고 집 떠난 아이를 기다리는 아버지, 마음 졸이며 한 마리 잃은 양을 찾으러 나서는 목자, 한없는 자비로 빚진 자를 용서해 주는 채권자, 관대하게도 해질 무렵 다섯 시에 품꾼을 고용하는 고용인 등으로 묘사했다. 하느님을 이런 방식으로 묘사한 사람은 예수가 처음이었다. 하느님은 어떤 인물이라기보다 어떤 마음씀씀이다. 하느님은 무엇보다 해방하는 마음 씀씀이다. 만물을 해방시키고 화해시키는 강력한 마음, 곧 예수 자신이 갖고 있었던 마음이다. 예수의 이 마음을 우리는 '성령'이라고 부른다.

3

예수는 사람의 본이다

어두컴컴한 뒷골목 구석에 어떤 물체가 버려져 있다. 그는 사람의 몸을 갖고 있다. 그는 피투성이다. 그는 상처투성이다. 그는 벌거벗은 알몸이다. 우리는 그의 신분을 알 수 없다. 우리는 그가 귀족인지 노예인지, 학자인지 무식꾼인지, 검사인지 좀도둑인지, 미국 사람인지 아프가니스탄 사람인지, 돈이 많은지 적은지 알 수 없다. 우리는 그에 대해 아무것도 모른다. 그는 지금 하나의 물체로 전락되어 있다. 사람들은 그를 물체로 취급하고 그를 지나쳐 버린다. 그는 지금 지나쳐도 되는 사물로 격하되어 있다. 사람과 물체의 차이는 어디에 있는가?

한 윤리학자가 예수에게 어떻게 해야 영원한 삶을 얻을 수 있겠느냐고 묻는다. "선생님, 제가 무엇을 해야 영원한 삶을 얻을 수 있겠습니까?"^{누가10:25} 그는 이미 답변을 알고 있었다. 하느님을 사랑하고 이웃을 사랑하는 것이다. 예수는 이 답변에 동의한다. "그대 대답이 옳습니다. 그대로 행하십시오. 그리하면 영원히 살 것입니다."^{누가10:28} 그는 다시 예수에게 묻는다. "그러면 누가 제 이웃입니까?"

이에 예수는 다음과 같은 버림받은 사람 이야기를 들려준다.

어떤 사람이 예루살렘에서 여리고로 내려가다가 강도들을 만났습니다. 강도들이 그를 때리고 옷을 벗기고 그가 가진 모든 것을 빼앗았습니다. 그를 죽을 만큼 때려 놓고 내버려 두고 갔습니다. 마침 한 종교 지도자가 그 길로 가고 있습니다. 하지만 그는 강도 만난 사람을 보자 피하여 지나갔습니다. 나중에 종교 직무를 담당하는 사람도 그곳에 이르렀습니다. 하지만 그도 강도 만난 사람을 보고 피하여 지나갔습니다.
　한 사마리아 사람은 길을 가다가 그 강도 만난 사람이 있는 곳에 이르렀습니다. 그 사람을 보자 가여운 마음이 들어 그에게 가까이 다가갔습니다. 그는 그 강도 만난 사람의 상처에 올리브기름과 포도주를 붓고 싸매어 주었습니다. 그런 다음 그 사람을 자기 당나귀에 태워 여관으로 데리고 가 돌보아 주었습니다. 다음날 그는 돈을 꺼내 여관 주인에게 주면서 말했습니다. "이 사람을 돌보아 주십시오. 돈이 더 들면 제가 돌아오는 길에 갚겠습니다."누가
10:30~35

예수는 이 이야기를 한 다음 윤리학자에게 묻는다. "그대는 이 세 사람 가운데서 누가 강도 만난 사람에게 이웃이 되어 주었다고 생각하십니까?"누가10:36
　여기서 예수는 윤리학자의 원래 물음을 바꾸고 있다. 원래 물음은 "누가 우리의 이웃인가?"이다. 예수의 물음은 "누가 강도 만난 사람에게 이웃이 되어 주었는가?"이다. 만일 우리가 우리 이웃을 사랑해야 한다면 우리는 당연히 우리 이웃이 누구인지 물어야 한다. 그런데 "누가 우리의 이웃인가?"라는 물음은 "우리에게 이웃이 되어 주는 사람은 누구인가?"라고 묻는 것처럼 보인다. 예수는 "우리에게 이웃이 되어 주는 사람은 누구인가?"를 묻는 대신에 "우리

는 누구에게 이웃이 되어 주어야 하는가?"를 묻고 있다. 사마리아 사람은 강도 만난 사람에게 이웃이 되어 주었다. 예수는 그 윤리학자에게 답한다. "그대도 가서 똑같이 하십시오."^{누가10:37}

"우리는 누구에게 이웃이 되어 주어야 하는가?"에 대한 예수의 답변은 무엇인가? 그것은 '모든 사람'이다. 사마리아 사람이 강도 만난 사람에게 이웃이 되어 준 것처럼 우리도 그와 똑같이 하라는 말은 우리가 만나는 모든 사람을 이웃으로 여기라는 말이다. 이웃은 단지 사람이다. 모든 사람을 이웃으로 대하고 그를 사랑하는 것이 영원히 사는 길이다. 모든 사람을 이웃으로 대한다는 것은 무슨 뜻인가? 예수의 이야기에 나오는 종교 지도자와 종교인들은 강도 만난 사람을 이웃으로 대하지 못했다. 그들이 어떻게 했기에 이웃으로 대하지 못한 것인가? 그들은 강도 만난 그를 하나의 물체로 여기고 지나쳤다.

영원히 사는 길, 구원의 길, 해방의 길은 곧 참사람이 걸어야 할 길이다. 그 길은 사람을 하나의 물체로 대하지 않는 것이다. 여기서 예수는 사람을 두 지평에서 정의하고 있다. 첫째, 누구든지 그 자체로 사람으로 대우 받을 자격을 얻는다. 태어난 후 갖게 된 재산, 의상, 학위, 인맥 따위들은 액세서리에 불과하다. 사마리아 사람은 이 지평에 따라 강도 만난 사람을 구해 주었다. 둘째, 다른 사람을 첫째 지평에 따라 만나고 사랑하는 이들은 누구든지 영원한 삶을 얻을 자격, 참사람의 자격을 얻는다. 우리는 한편에서 이미 사람이지만 다른 한편에서 아직 참사람이 아니다. 우리는 이미 사람으로 대우 받을 권리를 지니고 있지만 다른 사람을 사람으로 대할 때 비로소 참사람이 된다.

강도 만난 사람 이야기는 보다 깊은 의미가 담겨 있다. 어떤 물체가 십자가에 달려 있다. 그는 벌거숭이다. 그는 고운 모양도 없고 훌륭한 풍채도 없다. 그는 흠모할 만한 모습도 전혀 갖고 있지 않다.^{이사야53:2} 그는 얼굴이 새까맣게 탔고 게다가 곰보일지 모른다. 그는 늘 몸에 병을 지니고 있었다. 사람들은 그가 하느님의 징벌을 받아 고난 받는다고 생각했다. 그는 사람들에게 멸시를 받았다. 선량한 보통 사람들도 덩달아 그를 귀하게 여기지 않았다. 그는 굴욕을 당했고 고문을 당했다. 그는 폭력을 휘두르지 않았고 거짓말도 하지 않았으며 아무런 죄도 짓지 않았다. 하지만 사람들은 그에게 죄를 뒤집어씌운다. 사람들은 그를 희생양으로 만든다. 헬라의 사상, 라틴의 법률, 유대의 종교가 서로 합작하여 그를 파문시킨다.요한19:20

예수는 사람이다. 예수는 사람에게 사람 아닌 것을 모두 제거한 뒤 알짜로 남게 되는 사람의 원형이다. 그 원형은 우리에게 때때로 지극히 보잘것없는 물체처럼 보일 수 있다. 예수는 강도 만난 사람처럼 우리에게 하나의 물체로 전락된 존재이다. 예수는 단순히 비유를 이야기하는 데서 그치지 않고 그 비유에 맞는 삶을 산다. 예수는 자기 삶의 정점에서 실제로 강도 만난 사람으로 우리 앞에 나타난다.

예수는 버려진 물체처럼 피투성이 알몸으로 십자가에 매달렸다. 우리는 십자가에 매달려 피투성이 알몸으로 버려진 물체를 어떻게 받아들여야 하는가? 만일 이런 그가 참사람이 사는 나라의 통치자라고 한다면 우리는 이를 믿을 수 있는가? 그가 온 우주를 새롭게 피어나게 할 우주의 치료자라고 한다면 우리는 이를 믿을 수 있는가? 우리는 이를 믿기 어렵다. 왜냐하면 그는 지극히 보잘것없는 물체에 불과하기 때문이다. 그가 우주의 구원자라면 힘없이 강도에게 잡혀 저렇게 비참하게 고난 받을 리가 없기 때문이다.

땅의 사람들은 생각할 것이다. 그가 강력한 무력이 없다면 사람을 적으로부터 보호할 수 없다. 무력을 행사하지 않고서 사람을 다스릴 수 없기 때문에 무력을 행사하지 않는 자는 나라의 통치자가 될 수 없다. 실제로 많은 사상가들이 비웃었다. 하느님들은 힘이 없다. 왜 하느님들은 탱크나 대포가 없을까? 왜 하느님들은 군함과 폭격기가 없을까? 그것들이 있어야 악인을 쳐부수고 착한 이들을 보호할 것이 아닌가? 예수는 더욱 힘이 없다. 탱크도 대포도 군함도 폭격기도 없이 어떻게 사람들을 해방시킬 수 있는가?

또 사상가들은 하와이 해변이나 오리온성좌에서 여유롭게 이 세상의 악행을 구경만 하는 구원자에 더 이상 매달리지 말라고 말한다. 그런 구원자에게 매달리는 것은 유치한 정서이다. 해방이니 은총이니 가장 정의로운 나라니 하는 말들은 미신이며 미몽이다. 니체는 말한다. "땅에 충실하라! 이 땅 너머의 희망에 관해 말하는 자를 믿지 말라!" 까뮈가 말한다. "사람이 더 이상 하느님을 믿지 않을 때 그는 책임지고 자신이 스스로 모든 삶을 꾸려나가게 된다." 사르트르는 자기 삶을 스스로 열어가는 나 자신이 곧 하느님이라고 말한다. "존재하는 것은 오직 나뿐이었다. 나 홀로 악을 선택하기로 결단했고 선을 고안했다. 오늘 내가 나를 스스로 고발할 수 있으며, 오직 나만이 나를 사면할 수 있을 뿐이다."

예수는 구원자, 해방자, 메시아, 하느님을 이와 같은 방식으로 그리지 않는다. 예수는 버려진 물체처럼 피투성이 알몸으로 십자가에 매달린 자신을 해방자, 즉 하느님이라고 생각했다. 위대하고 위대한 하느님을 맘속에 그리던 당시 종교인들에게 이것은 곧 신성모독이었다. 이것은 현대 종교학자와 철학자와 과학자에게도 몹시 당혹스러운 사상이다. 바로 이 혁명 같은 사상이 기독교 또는 그리스도교라는 사상의 중추를 이룬다. 하느님에 대한 상 자체를 바꾸지 않는다면 우리는 예수를 받아들일 수 없다. 예수를 가장 정의로운 나라의 행정 수반으로 받아들이는 것은 곧 하느님에 대한 상을 바꾸는 일이기도 하다.

예수는 사람의 본 또는 사람의 원형으로서 우리 앞에 나타났다. 사람의 본이자 사람의 원형을 알아볼 만한 마음을 갖는 것이 곧 우리가 영원히 사는 길이다. 예수는 그런 마음을 가진 사람들에게 "그대는 구원을 받았습니다"라고 말한다. 누군가 보잘것없는 예수 자신에게서 하느님의 이미지를 발견할 때 예수는 "믿음이 그대를 구원하였습니다"라고 말한다. 믿음이란 예수에게서 하느님을 보는 것이며 예수에게서 사람의 본을 보는 것이다. 그런 믿음을 가진 마음은 해방된 마음이며 구원받은 마음이며 영원히 지속되는 마음이다.

사람의 기준이 되는 참사람은 이 땅의 우리에게 지극히 보잘것없는 사람처럼 보인다. 왜냐하면 그에게 사람 아닌 모든 것이 제거되었기 때문이다. 그는 강력한 무력, 거대한 성곽, 엄청난 자본, 화려한 사상, 정교한 논문, 오묘한 깨달음, 달콤한 목소리나 화법, 섹시한 스타일, 아름답고 건강한 몸매, 고차원의 문화, 유연한 도시 생활이나 푸른 별장, 요행이나 운명에 존재의 기반을 두지 않는다.

그는 역사 속에 들어와 실제로 모든 사람을 사람으로 만난다. 세상의 사람들이 노예를 동물로 취급할 때, 세금 징수원이나 창녀를 돼지로 취급할 때, 여자를 음탕하고 유혹하는 뱀으로 취급할 때, 흑인을 소나 말로 취급할 때, 아이들을 개나 염소로 취급할 때, 문둥이를 더러운 괴물로 취급할 때, 그는 그들을 사람 대 사람으로 만나 어울린다. 그는 부자나 가난한 자나, 여자나 남자나, 그리스인이나 야만인이나, 흑인이나 백인이나, 아이나 어른이나, 지적장애인이나 철학자나 아무런 구별 없이 사람으로 만난다. 그는 바로 예수라고 불렸던 인물이다.

땅의 사람들에게 예수는 조롱거리에 지나지 않았다. 그 조롱과 거부의 절정, 곧 십자가 위에서 그는 죽음을 맞이해야 했다. 그의 죽음은 소크라테스, 잔 다르크, 브루노, 안중근, 전태일, 이한열 등의 죽음 또는 순교와 다른 의미가 담겨 있다. 그는 단순히 정치권력, 종교권력, 학문권력, 문화권력에 도전했기 때문에 죽은 것이 아니다. 그의 죽음은 혁명을 위한, 명예를 위한, 이념을 위한, 사상을 위한 죽음도 아니다. 예수의 죽음은 지극히 보잘것없는 이라도,

피투성이 살덩어리라도, 그를 사람으로 만나야 한다는 가르침을 인류가 거부했다는 사실을 상징한다. 그의 죽음은 이 거부를 폭로하면서도 거부하는 이들을 여전히 사람으로 만나려는 제사이다. 그의 죽음은 모든 사람을 여전히 사람으로 승인하려는 모든 인류를 위한 제사이다.

예수의 죽음은 피와 몸의 파멸을 감당하는 사랑이다. 기쁜 소식을 처음 전할 때부터 죽을 때까지 그의 삶은 일련의 해방하는 사건들이었다. 그의 삶과 죽음은 해방과 사랑을 몸소 구현하는 사건들의 복합체였다. 예수는 이러한 자기 자신을 참사람으로 알아보는 이들이 가장 정의로운 나라의 시민을 구성한다고 보았다. 예수는 이 나라의 행정 수반으로서 인류를 사랑하고 해방하는 데 복무했다. 이 나라를 '하느님 나라'라고 부르는 것은 곧 해방하는 사건이 출현하는 곳에 하느님이 출현한다고 보는 것이다. 해방과 사랑을 몸소 구현하는 사건들의 복합체로서 예수는 곧 하느님의 육화이다. 사람들을 사랑하고 환대했던 예수의 행위는 곧 하느님의 출현이었다. 예수는 하느님이 어떤 존재인지를 보여 주는 유일한 서술이다. 예수는 자기 삶과 죽음을 통해 우리에게 하느님을 그려 주었다.

우리는 한 분밖에 없는 그 하느님을 '하나님'이라 부르곤 한다. '하나님'이든 '하느님'이든 이 말을 너무 자주 쓰지 않는 것이 좋다. 왜냐하면 우리가 경험했던 것은 예수의 삶과 죽음이기 때문이다. 지금 우리가 갖고 있는 것은 예수의 좋은 마음, 예수 정신이다. 신약성경은 예수의 마음을 '성스러운 정신' 또는 '성령'이라고 부른다. 바울은 오직 예수의 삶과 말씀과 죽음만을 이야기하겠다고 말했다. 우리가 하나님 또는 하느님에 대해서 이야기하고 싶다면 우리는 먼저 이 참사람의 삶과 죽음을 이야기해야 한다.

예수는 자기부정을 통해 스스로 사람 아닌 것을 모두 제거하고 남는 사람의 본이 되었다. 예수는 사람들을 해방하기 위해, 고통 속에, 약함 속에, 패배 속에, 죽음 속에 영원한 승리, 영원한 강함, 영원한 생명을 스스로 숨긴 존재이다. 이것이 가장 정의로운 나라의 행정 수반이 마셔야 했던 그 쓰디쓴 잔이었다. 그는 이 잔을 피하고 싶었지만 그의 성스러운 마음은 끝내 그 잔을 마시게 했다. 이로써 그는 제자들에게 자신 있게 말할 수 있었다. "제가 세상을 이겼습니다." ^{요한16:33} "다 이루었습니다." ^{요한19:30} 예수의 이런 자기부정 뒤에 숨겨진 해방자로서 그의 직위, 즉 하느님을 발견하게 된다면 우리는 그때 비로소 가장 정의로운 나라의 시민이 된다.

만일 우리 앞에 다시 예수가 나타난다면 우리는 그가 사람의 본이자 가장 정의로운 나라의 행정 수반임을 알아볼 수 있을까? 우리는 사람 아닌 것을 모두 제거한 뒤 남게 되는 어떤 존재를 보게 될 때 오히려 그를 미워할지 모른다. 우리의 유연한 도시 생활은 통상 인간 아닌 것들에 의해 얻어진다. 우리의 삶은 사람 아닌 것을 제거한 뒤 남게 되는 어떤 것을 외면하는 삶이다. 우리 삶은 사람 아닌 것으로 자기를 꾸미는 삶이다. 이것이 바로 세속의 삶이다. 이런 세속의 삶 가운데서도 우리는 여전히 사람으로 살고자 한다. 이런 세속의 삶에서 사랑하고 사랑받고 싶으면서 동시에 영원한 사랑, 영원한 해방, 영원한 평화를 꿈꾼다. 사람의 본을 반길 준비가 되어 있지 않은 채 우리는 사람으로 내내 존중받기를 원한다. 이미 우리는 어렴풋이 사람이지만 아직 완전히 사람이 아니다.

4

우리는 오늘 예수를 만난다

'예수를 믿는다'는 것은 예수를 사람의 본으로 인식하는 것이다. 예수를 사람의 본으로 인식하는 이는 이미 해방의 길이자 구원의 길을 걷고 있다. 예수를 사람의 본으로 인식하는 것이 왜 해방의 길인지 예수 자신의 이야기를 들어보자.

예수는 최후의 날 또는 인자의 날에 일어나는 일을 이야기한다. 사람의 아들이 임금 자리에 앉아 세상 모든 사람들을 심판한다. 드디어 가장 정의로운 나라의 사법권이 행사되는 장면이다. 그는 자기 나라의 통치권을 물려받을 정의로운 사람들을 오른쪽에 따로 모아 그들에게 말한다.

제 아버지께 복을 받은 사람들이여, 와서, 세상의 기초를 놓을 때부터 그대들을 위해 마련된 이 나라를 물려받으십시오. 왜냐하면 그대들은 제가 굶주릴 때 먹을 것을 주었고, 제가 목마를 때 마실 것을 주었으며, 제가 나그네로 떠돌 때 환대하였고, 제가 헐벗었을 때 입을 것을 주었고, 제가 병들었을 때 돌보아 주었고, 옥에 갇혔을 때 찾아 주었기 때문입니다. 마태25:34~36

오른쪽에 모여 있는 사람들이 되묻는다.

> 주님, 우리가 언제 당신께서 굶주리신 것을 보고 잡수실 것을 드리고, 당신께
> 서 목마르신 것을 보고 마실 것을 드리고, 당신께서 나그네로 떠도실 때 환대
> 하고, 당신께서 헐벗으신 것을 보고 입을 것을 드리고, 언제 당신께서 병드시
> 거나 옥에 갇히신 것을 보고 찾아갔습니까?^{마태25:37~39}

사람의 아들이 임금 자리에 앉아 말한다.

> 제가 진정으로 그대들에게 말씀 드립니다. 그대가 여기 제 형제자매 가운데
> 지극히 보잘것없는 사람 하나에게 한 것이 곧 저에게 한 것입니다.^{마태25:40}

임금 자리에 앉은 사람의 아들은 이들 정의로운 사람들에게 영원한 생명을 선
사한다.
　사람의 아들은 정의롭지 못한 사람들을 왼쪽에 따로 모아 그들에게 말한다.

> 그대들은 제가 굶주릴 때 먹을 것을 주지 않았고, 제가 목마를 때 마실 것을
> 주지 않았으며, 제가 나그네로 떠돌 때 환대하지 않았고, 제가 헐벗었을 때
> 입을 것을 주지 않았고, 제가 병들었을 때나 옥에 갇혔을 때 찾아 주지 않았
> 습니다.^{마태25:42~43}

왼쪽에 모여 있는 사람들이 반문한다.

> 주님, 우리가 언제 당신께서 굶주리신 것이나, 목마르신 것이나, 나그네로 떠

도시는 것이나, 헐벗으신 것이나, 병드신 것이나, 옥에 갇히신 것을 보고 돌보아 드리지 않았습니까?^{마태25:44}

사람의 아들이 말한다.

제가 진정으로 그대들에게 말씀 드립니다. 그대가 여기 이 사람들 가운데 지극히 보잘것없는 사람 하나에게 하지 않은 것이 곧 저에게 하지 않은 것입니다.^{마태25:45}

임금 자리에 앉은 사람의 아들은 이들 정의롭지 못한 사람들에게 영원한 형벌 곧 영원한 소멸을 선고한다.

여기서 "제 형제자매 가운데 지극히 보잘것없는 사람"은 누구를 가리키는가? 그가 누구를 가리키는지 여러 해석들이 있다. 하나는 기쁜 소식을 받아들이는 공동체에 소속된 어린이, 고아, 과부, 노인, 슬픈 이, 병든 이, 가난한 이, 갇힌 이, 억눌린 이 등을 가리킨다는 해석이다. 이에 따르면 예수는 자기 공동체 내 다른 사람들을 잘 돌봐야 하며 이것이 심판의 기준이 된다고 말하는 셈이다. 예수의 제자들과 순례자 및 성직자, 예수를 전하는 선교사 및 전도자들을 가리킨다는 해석도 있다. 이 해석은 예수 공동체가 형성될 시기에 순회 전도자들을 영접할 것을 호소하는 구절로 사용되곤 했다.

이런 두 해석은 모두 예수의 의도를 좁게 보는 것이다. 지극히 보잘것없는 사람은 예수 공동체의 지극히 작은 자뿐만 아니라 세상의 지극히 작은 자들까지도 포함한다. 예수는 하느님과 사람을 사랑하라고 했고,^{마가12:30-31} 아픈 이와 버림받은 자를 구하라고 했으며,^{누가10:37} 자기 재산을 바쳐 가난한 사람을 도와주라고 했고,^{마가10:21} 아이와 고아를 돌보라고 말했으며,^{마가9:37} 갚을 수 없는 자에게 값없이 빌려주라고 했으며,[누가6:35] 심지어 원수까지 사랑하라고 말했다.[마태5:44] 여기에 예수 공동체 내부 사람이냐 외부 사람이냐 구별은 전혀 나타나지 않는다. 또한 유대인과 비유대인, 종교인과 비종교인, 국내인과 외국인 사이의 구별도 없다.

예수가 "그대가 여기 제 형제자매 가운데 지극히 보잘것없는 사람 하나에게 한 것이 곧 저에게 한 것입니다. 그대가 여기 이 사람들 가운데 지극히 보잘것없는 사람 하나에게 하지 않은 것이 곧 저에게 하지 않은 것입니다"라고 말한 이유는 무엇일까? 예수의 주된 목적은 단순히 새로운 율법과 윤리 규범을 제시하는 것이 아니다. 예수는 율법의 준수, 윤리의 실천이라는 기준에서 심판이 행해진다고 주장하지 않는다. 예수는 "율법의 더 중요한 요소"[마태23:23] 또는 "율법의 완성"[로마13:10] 또는 "율법의 끝마침"[로마10:4]을 말하고자 했다.

그것은 사랑이다. 그 사랑은 예수 자신이 삶과 죽음을 통해 몸소 보여 주었던 사랑이다. 예수는 사랑의 화신이었고 그에게 정의란 곧 사랑이었다. 최후의 심판에서 사람의 아들은 모든 사람들에게 바로 이 사랑을 요구하고 있다. 사랑은 예수의 길이며 인자의 길이며 사람의 길이다. 예수가 누구인지 우리가 인지하든 인지하지 못하든 우리는 최후의 심판에서 사람의 길을 걷느냐 걷지 않느냐에 따라 심판 받는다. 가장 정의로운 나라에서 사법권은 교리의 숙지 또는 동의 여부에 따라 집행되지 않는다. 최후의 심판에서는 각자의 일상 삶에서 흔히 실천되는 행위들만 중요하다. 우리 삶이 예수의 길을, 인자의 길을, 사람의 길을, 사랑의 길을 걷고 있느냐만 중요하다.

예수의 이 이야기에서 묘사된 최후의 심판은 모든 인류를 포괄하는 심판이다. 사람의 아들 앞에 소집된 자들은 모든 인류, 역사상 존재했던 모든 인류, 예수를 모르는 사람들까지 포함하는 인류 전체이다. 최후의 심판에서 지극히 작은 한 사람에게 사랑을 베풀지 못한 행위들이 곧 가장 정의로운 나라의 통치자에게 그렇게 하지 않은 것으로 간주된다. 지극히 작은 이 한 사람에게 보인 사랑의 행위들은 곧 가장 정의로운 나라의 통치자에게 한 것으로 간주된다. 아주 작은이를 사랑하는 것은 그 나라의 통치를 따르는 것이지만 아주 작은이를 사랑하지 않는 것은 그 나라에 반역하는 것이다. 사랑하지 않는 자는 인자의 길, 사람의 길을 걷지 않는 것이다. 오직 사람의 길을 걷는 이만이 가장 정의로운 나라의 시민이 될 수 있다.

예수는 이 이야기에서 자신의 본질을 장대한 스케일로 웅변한다. 그는 자신이 모든 곳, 모든 때의 인류와 관련되어 있다고 주장한다. 예수는 그가 어디서 살았건, 어느 때 살았건 상관없이 이 세상에 살았던 모든 사람과 관련을 맺고 있다. 가장 정의로운 나라의 통치자 예수는 이런 의미에서 사람의 본이다. '사람의 아들'이라는 예수의 칭호에는 예수와 인류 사이의 연대가 숨겨져 있다. 그 연대는 그가 죄인들과 함께 했던 밥상 교제에서 매우 잘 나타나 있다. 동료 인류들을 대신하여 희생양으로서 십자가에 매달려 죽은 것은 그 연대의 절정이다. 예수는 말한다. "지극히 작은이에게 한 것이 바로 저에게 한 것입니다!" 예수는 인류와 연대하는 자이다.

예수를 믿는다는 것은 그 보잘것없는 예수를 사람의 본으로 인식하는 것이다. 그 예수를 사람의 본으로 인식할 수 있는 사람은 이미 가장 작은이를 사랑할 준비를 마친 셈이다. 사람의 올바른 삶은 가장 작은이라도 사랑하는 삶이다. 예수를 믿는 사람은 사람의 길을 걷는 것이 곧 예수의 길을 걷는 것임을 믿는다. 그는 예수가 모든 인류와 연대해 있음을 믿는다. 그는 동료 인류들을 사랑하는 삶이 곧 예수와 더불어 사는 삶임을 믿는다. 그는 모든 인류와 연대해 있는 예수의 신성한 네트워크에 참여한다. 예수가 지극히 작은이와 연대하였듯이 그도 그 연대에 참여한다.

예수를 믿는 사람은 개인 삶의 스타일을 가꾸는 데만 머물지 않는다. 그는 오히려 인류의 삶에 동참하는, 정의와 해방과 화평에 참여하는, 공적인 사람이 된다. 이로써 그는 가장 정의로운 나라의 자랑스러운 시민이 된다. 그는 매일 예수를 만난다. 왜냐하면 그는 보잘것없는 동료 한 사람이 예수와 연대해 있다는 것을 잘 알기 때문이다. 이것이 예수쟁이 또는 그리스도인의 삶이다. 그는 그 나라의 다스림을 이어받는다. 그는 그런 다스림에 동참한다.

5

그리스도인은 사람의 길을 걷는다

'기독교인'은 어떤 사람인가? '기독교인'에서 '기독'은 '그리스도' 또는 '크리스트'의 소리를 본 딴 한자어이다. '기독교인'은 말 그대로 풀이하면 '기독교를 따르는 사람' 또는 '그리스도교를 따르는 사람'이다. 하지만 이러한 풀이는 기독교와 기독교인에 대한 잘못된 이해를 낳는다.

어원을 살펴보면 '기독교인'이라는 말은 '기독교'에서 온 말이 아니다. 오히려 '기독교'라는 말이 '기독교인'에서 왔다. 이것은 영어 낱말을 보아도 알 수 있다. '기독교인'에 해당하는 영어 낱말은 '크리스챤christian'이고 '기독교'에 해당하는 영어 낱말은 '크리스채너티christianity'이다. 이처럼 '크리스채너티'는 '크리스챤'에서 '이티~ity'를 붙여 만든 말이다.

우리는 '기독교'나 '그리스도교'를 먼저 이해한 뒤 '기독교인' 또는 '그리스도인'을 이해하려 해서는 안 된다. 기독교가 무엇인지 이해하고 싶다면 먼저 기독교인 또는 그리스도인을 이해해야 한다. 한국에서 '그리스도인'이라는 말보다 '기독교인'이라는 말이 더 많이 쓰이는 것은 다소 불행한 일이다. '기독교인'은 '기독교를 따르는 사람'이 아니라 '그리스도를 따르는 사람'이다. 이 점에서 '기독교인'이라는 말보다 '그리스도인' 또는 '예수쟁이'를 쓰는 것이 낫겠다.

'그리스도인'이라는 낱말은 신약에서 3번 나온다. 사도행전에 두 번 나오는데 이 책은 누가루카스가 기원후 60년에서 90년 사이에 쓴 것으로 보인다. 사도행전 11장 26절에 "안티오키아안디옥에서 처음으로 예수를 따르는 사람들을 '그리스도인'이라 불렀다"라는 구절이 나온다. 사도행전 26장 28절에는 헤로데왕가 마지막 왕인 아그리파 2세 앞에서 바울이 재판 받는 장면이 나온다. 여기서 아그리파 2세는 다음과 같이 말한다. "이렇게 짧은 시간에 네가 말로써 나를 그리스도인이 되게 할 수 있다고 생각하느냐?"

예수를 따르는 무리를 일컫는 말로 쓰이는 '그리스도인'은 로마 관료나 학자의 공식 문서에도 나온다. 가이우스 플리니우스는 기원후 112년경 로마 황제 트라이아누스에게 보내는 편지에서 황제에 대한 경배를 거부하는 '크레스티안'을 언급한다. '크레스티안'은 라틴어인데 '그리스도인'으로 옮길 수 있다. 타키투스는 기원후 116년경에 쓴 『연보』에서 기원후 63년경에 발생한 로마 대화재를 그리스도인과 결부시킨다. 사도행전의 저술 시기와 타키투스의 기록 등을 살펴 볼 때 '그리스도인'이라 불리는 무리가 기원후 60년경에 이미 존재했다.

사도행전 11장 26절에 따르면 '그리스도인'이란 '그리스도'라 불리는 사람의 제자 또는 그를 따르는 사람을 뜻한다. '그리스도'는 신약 곳곳에서 약 410번 나온다. 이것들은 많은 경우 '예수 그리스도'라는 표현과 함께 나오는데 이로부터 '예수'를 부르는 다른 이름이라는 것을 알 수 있다. 사실 '예수'는 이름이고 '그리스도'는 위상이나 역할을 나타내는 말이다. 예를 들어 '안중근 의사'에서 '안중근'은 이름이고 '의사'는 위상이나 역할을 나타낸다. 이것은 초기 그리스도인들이 예수를 그리스도로 여겼다는 것을 뜻한다. 따라서 그리스도인은 예수라는 인물을 '그리스도'라고 생각하는 사람들이다. 그들은 무엇보다 "예수는 그리스도이다"라는 말을 믿는 사람들이다.

갈라디아서는 예수의 십자가 처형이 있은 후 약 10년에서 25년 사이에 저술된 것으로 추정된다. 이것은 바울이 쓴 편지인데 바울은 첫 구절에서 자기 신분을 강조하면서 '예수 그리스도'를 언급한다. 갈라디아서는 바울이 세운 그리스도인 공동체에 보낸 편지이다. 그래서 예수를 그리스도라고 믿는 무리들이 나타난 것은 바울이 갈라디아서를 쓸 때보다 앞선다. 이것은 예수를 그리스도로 여기는 것이 예수의 십자가형 이후 얼마 되지 않아 그의 제자들에게 일상화되었다는 것을 보여 준다.

그리스도인은 예수를 따르는 무리이면서 예수를 그리스도로 여기는 무리이다. 예수를 접한 사람이 예수를 그리스도로 여기기 위해서 그는 예수에 대해 많은 정보를 이미 획득하고 있어야 한다. 또는 예수에 대해 많은 것들을 믿고 있어야 한다. 그들이 가진 정보와 믿음의 출처는 분명 예수의 말과 행위였을 것이다. 예수의 어떤 말 어떤 행위 때문에 그를 '그리스도'라고 부르게 되었을까?

'그리스도'는 그리스어 '크리스토스'에서 왔다. 이 그리스어 낱말은 히브리어 '메시아'를 옮긴 낱말이다. '크리스토스'와 '메시아'는 '기름부음 받은 이'를 뜻한다. 신약 본문을 생산하고 후대에 내려준 기원후 1세기의 그리스도인들이 예수를 '그리스도'라 불렀을 때 그들은 예수를 구약에서 기다렸던 '메시아'로 간주했던 것이다. 그리스도인들은 예수를 만물과 사람을 화해시키고 해방하고 구원하는 이라고 생각했다. 왜 그들은 십자가에 매달려 죽은 갈릴리 나사렛 촌뜨기 청년을 메시아라고 생각하게 되었을까? 현대에 사는 우리는 1세기의 그리스도인들처럼 그 청년을 그리스도라고 여길 수 있을까?

기원후 2세기부터 '예수는 그리스도'임을 정당화하는 교리 체계가 형성되기 시작했고 이것이 현대의 다양한 그리스도교 종파를 낳았다. '그리스도교'의 정체성을 특징지은 표준 교리는 '사도신경'이라 불리는 것이다. 사도신경은 기원후 710년과 724년 사이에 현재 형태의 라틴어 본문이 나온다. 이것은 한 개인이 만든 것이 아니라 많은 사람들이 논쟁을 거쳐서 만든 것이다.

사도신경은 기원후 2세기부터 형성된 각종 권위 있는 신앙고백들을 종합한 것이다. 그 신앙고백들 중에서 가장 중요한 것은 기원후 325년의 제1차 니케아 공의회 때 채택된 니케아 신경이다. 이것은 기원후 381년의 제1차 콘스탄티노플 공의회에서 수정되었다. 이 고백서에는 천지창조, 삼위일체, 동정녀 탄생, 십자가, 부활, 승천, 재림, 속죄, 영생 등의 내용이 들어 있다. 이들 교리 중에 그리스도교의 본질을 구성하는 것은 삼위일체 교리이다.

삼위일체란 우주를 만든 아버지 하느님, 세계를 구원하는 하느님의 아들딸 예수, 세계를 보살피고 우리를 하느님께 이끄는 어머니 성령이 각자 다른 개별자이면서 동일하다는 주장이다. 서로 다른 세 개별자가 완전히 동일하기 위해서 3 = 1이 성립해야 한다. 따라서 삼위일체는 논리 관점에서 이해 불가능한 교리이다. 기독교는 왜 이 이상한 교리를 채택해야 했을까? 이런 황당무계한 교리가 왜 기독교의 핵심이어야 했을까?

삼위일체 교리는 양립할 수 없는 것처럼 보이는 여러 논제들의 결합물이다. 첫째, 예수는 슬픔과 아픔을 겪는 사람이다. 그는 굶으면 배고프고 찔리면 아프고 때리면 멍이 든다. 둘째, 예수는 인류를 해방하는 하느님이다. 셋째, 하느님은 한 분밖에 존재하지 않는다. 그 하나의 하느님을 한국의 개신교도들은 '하나님'이라 부른다. 이 논제들을 결합하면 "사람 예수는 한 분밖에 존재하지 않는 하느님과 동일한 분이다"라는 결론을 얻게 된다. 여기서 '동일하다'는 '비슷하다'를 뜻하지 않는다.

하느님이 오직 하나만 존재하면서 구원자 예수와 창조자 하느님이 다른 개별자라는 교리는 모순을 품고 있다. 우리 지성은 이 삼위일체 교리를 수용할 수 없다. 이 때문에 나온 것이 "불합리하기 때문에 믿는다"는 말이다. 이 말은 원래 예수의 부활과 관련하여 테르툴리아누스[AD160~225경]가 언급한 말에서 나왔다. 정확히 인용하면 "하느님의 아들은 묻혔고 다시 일어났다. 이는 불가능하기 때문에 확실하다"이다. 우리 지성은 "불합리하기 때문에 믿는다"는 말조차도 수용할 수 없다. 우리 스스로 불합리하다고 생각한다면 우리는 그것을 다만 믿는 척할 수 있을 뿐이다.

그럼에도 불구하고 우리는 삼위일체에 기독교의 본질이 담겨 있다는 데 동의한다. 그리스도인들은 어떤 방식으로든 이 교리를 지성으로 이해하도록 노력해야 한다. 이를 위해 삼위일체를 "성부, 성자, 성령 세 개의 서로 다른 개별자가 완전히 동일하다"는 것으로 이해해서는 안 된다.

왜 그리스도인들은 "예수는 매우 위대한 인물일 뿐이고 하느님이 아니다"라고 말하지 않았을까? 또는 "예수는 하느님이고 사람의 겉모습을 가졌을 뿐이다"라고 말하지 않았을까? 2000년 동안 둘 가운데 하나를 택해야 한다는 제안이 끊임없이 제기되었다. 하지만 기독교의 실제 역사는 쉬운 길을 택하지 않고 "예수는 사람이고 하느님이다"는 믿음을 계속 유지하는 길을 택했다. 기독교가 이 어려운 길을 택한 것은 결코 기독교의 오점이 아니다. 그것은 기독교 교리의 위대한 역사이다. 아픔을 겪는 한 사람이 하느님이라는 생각은 어쩌면 인류 사상사 가운데 가장 위대한 유산일 것이다.

예수가 정말로 실존했던 인물이라면 그가 아픔을 겪는 인간이라는 주장은 매우 쉽게 받아들일 수 있다. 실제로 복음서 기자들은 예수가 눈물 흘리고 심하게 고통당하는 모습을 기술하고 있다. 복음서에서 예수는 인간 고통으로부터 완전히 면제된 귀신같은 존재로 묘사되지 않았다. 예수 자신도 기뻐하고 슬퍼하는 사람, 즐거워하고 아파하는 사람으로서 다른 사람들에게 비추어지길 바랐다. 복음서는 십자가 위에서 극단의 고통으로 절규하는 연약한 인물로 예수를 기술해 놓은 다음, 사실은 그가 인류를 은총과 사랑으로 해방하는 메시아였다고 주장하고 있다. 이 혼란스러운 복음서 기술에서 우리는 기독교의 본질을 찾아야 한다.

대다수 기독교인들은 예수가 하느님인 근거를 동정녀 탄생, 기적, 초능력, 부활, 승천 등에서 찾는다. 하지만 세상 사람들이 볼 때 복음서 저자들의 이러한 증언은 예수를 억지로 신성화하고 신화화했다는 의심만 불러일으킬 뿐이다. 물론 복음서 저자들의 그 증언들이 모두 거짓말이거나 후대의 날조라고 생각할 필요는 없다. 그들 증언의 일부는 분명 실제로 벌어진 일을 일정 정도 반영하고 있다. 하지만 이런 의심스러운 증언을 기반으로 예수를 하느님으로 인정할 수밖에 없다고 주장하는 것은 오히려 기독교 사상의 퇴보이다.

복음서의 다른 기술에 따르면 예수 자신은 그런 식으로 자신의 위상을 세상에 드러내지 않았다. 사랑과 은총으로 사람들을 만나고 어울리고 고치고 해방하는 데서 자신의 위상을 드러내었다. 그는 가장 정의로운 나라의 행정 수반으로서 자신을 드러내었다. 예수에게 하느님은 사랑의 힘을 발휘해 사람들을 해방하고 만물을 화해시키는 착한 마음으로 출현한다. 참된 그리스도인은 사랑과 은혜의 힘으로 사람들을 해방하는 예수에게서, 화해와 해방을 이루기 위해 모든 인류를 대표해서 십자가에 매달려 죽은 희생양 예수에게서 사람의 본, 사람의 원형, 사람의 해방자, 곧 하느님의 마음을 발견한다. 이런 의미에서 사람 예수는 하느님이었다.

그리스도인은 예수에게서 해방하는 마음 씀씀이, 만물을 해방시키고 화해시키는 강력한 마음을 본다. 그리스도인은 예수의 그 참된 마음, 그 착한 마음, 그 아름다운 마음이 성스러운 마음이며 곧 하느님의 마음이라는 것을 안다. 그리스도인은 이 성스러운 마음이 무자비한 이 자연세계를 자비와 은총과 정의가 깃든 세계로 변모시킨다는 것을 믿는다. 그리스도인은 그 마음이 입자들, 운동들, 충돌들, 반사들, 충동들, 투쟁들만이 존재하는 이 사막을 정의와 사랑이 가능한 오아시스로 만드는 힘이라고 믿는다.

결국 그리스도인은 누구인가? 예수가 모든 인류와 연대해 있는 하느님이라는 것을 볼 줄 아는 사람이다. 사람의 본을 볼 줄 알며 그 본을 따라 사람의 길을 걷는 사람이다. 그는 만물을 해방하고 화해시키는 가장 정의로운 나라를 물려받은 공동 통치자들이다. 지금 여기를 하느님의 다스림이 미치는 은총의 시공간으로 인식하는 사람이다. 그는 타자를 소유하고 장악하기 위해 난폭하게 팽창하는 공룡이 아니다. 그는 오히려 사랑하기 위해 해방된 사람이다. 사랑하기 위해 자유로운 사람이다.

6

교회는 사람이 생성되는 공간이다

예수가 걸었던 길을 따르는 사람은 곧 그리스도인이다. 예수가 걸었던 길이 사람이 마땅히 따라야 하는 길이라고 믿는 사람은 곧 그리스도인이다. 예수를 사람의 본이라 생각하는 사람은 곧 그리스도인이다. 이들 그리스도인의 모임을 '교회'라고 부른다. 교회란 예수를 사람의 본으로 생각하는 이들의 모임이며 사람의 길을 걷는 이들의 모임이다. 오늘날 많은 교회들은 바로 이 점을 놓치고 있다. 성당이나 교회당이 교회를 만드는 양, 그런 건물에 드나드는 것이 교인이자 신자가 되는 길이며, 그것이 그리스도인이 되는 길이라고 믿고 있다. 사람의 길을 전혀 걷지 않은 채 그런 건물에 열심히 드나드는 행위를 독실한 신자의 표상인 양 착각하고 있다.

  교회는 성당이나 교회당에 의해 생기지 않는다. 사람의 길을 걷는 이들의 모임은 가장 정의로운 나라의 해방 활동을 통해 생성된다. 교회를 만들어 내는 것은 건물이 아니라 해방 활동이다. 그 나라는 사랑과 은총을 통해 자신이 본래 있어야 하는 자리, 자신이 본래 걸어야 하는 길 위에 사람들을 데려다 놓는다. 우리가 세계에 스며들어 있는 이러한 사랑과 은총의 다스림을 인정하고 그 다스림을 우리 삶에 맞아들일 때 우리는 그 나라에 들어가게 된다. 그 나라에 들어온 모든 사람들은 그 나라의 시민이 된다.

하지만 나라와 시민들은 동일시될 수 없다. 교회 자체를 가장 정의로운 나라와 같은 것으로 이해해서는 안 된다. 역사상 교권을 장악한 이들이 마치 그 나라의 우두머리인 양 행세할 때가 많았다. 이런 월권도 모자라 그들 중 일부는 세속 국가들을 지배하는 세계 정부의 우두머리로 높여지기를 바라기도 했다. 교회의 우두머리는 세속 국가의 우두머리가 아니며 하느님 나라의 우두머리도 아니다. 베드로든 바울이든, 교황이든 총회장이든 하느님 나라의 수장이 될 수 없다. 각 시민이 그 나라의 공동 통치자라는 의미에서만 그들은 그 나라의 공동 통치자가 될 수 있을 뿐이다.

예수와 그의 제자들은 교회를 세상에 전파한 적이 없었다. 그들이 전파한 것은 하느님 나라였다. 다시 말해 그들은 사람들을 해방하는 그 나라의 활동을 전파했다. 그리스도인들은 다른 사람을 그 나라의 시민으로 초대하는 일에 관심을 가져야 한다. 그리스도인은 다른 사람이 사람의 길을 걷고 있다면 그것으로 기뻐하고 만족해야 한다. 왜냐하면 그가 사람의 길을 걷고 있는 것만으로 그는 이미 충분히 그 나라의 시민이기 때문이다.

하지만 오늘날 자칭 그리스도인들은 다른 사람을 성당이나 교회당에 끌어들이는 데 더 큰 관심을 갖고 있다. 그들은 가장 정의로운 나라의 활동 자체가 아니라 성당이나 교회당의 행사에 집중한다. 교회당을 짓는 일이 마치 그 나라가 성장하는 것인 양 선전하고 교회당 건축에 인력과 자본을 쏟아붓는다. 그리스도인은 그런 일에 관심을 두기보다 먼저 하느님 나라가 어떤 방식으로 활동하고 있는지, 사람의 본 예수가 어떻게 행하였는지, 사람의 길을 걷는 것이 무엇인지 먼저 생각하고 이야기해야 한다. 하느님 나라의 방식이나 예수의 방식으로 생각하고 말하고 행하는 일에 집중해야 한다.

온갖 것을 물으로 끌어올리는 그물처럼 가장 정의로운 나라는 만물을 해방한다. 예수와 함께, 예수를 통해 지금 여기 활동하는 그 나라는 온갖 사람들을 불러 모은다. 그렇게 모인 사람들이 그 나라의 시민을 이루고 교회를 이룬다. 교회는 마땅히 온갖 사람을 수용할 수 있는 공동체가 되어야 한다. 그 나라가 사람들을 가려 뽑지 않듯이 교회도 온갖 사람들을 포용해야 한다. 선택받은 백성, 순결한 사람들, 거룩한 사람들의 모임은 오직 타자에 대한 한없는 개방성을 통해 만들어질 수 있다.

예수가 죄인들과 어울릴 때 기성 종교인들은 예수를 비방했지만 예수는 이것이 가장 정의로운 나라의 방식이라고 말했다. 또한 그 나라는 세상 끝 날이 되도록 가라지와 밀을 구별하지 않고 함께 자라도록 내버려 둔다. 우리는 타인들을 신뢰할 수 없어서 우리가 상대해야 할 타인들의 범위를 제한하곤 한다. 이 경우 우리가 만든 공동체는 단순히 계약으로 맺어진 세속 동아리에 불과할 것이다. 오늘날 많은 교회들이 이와 같은 방식의 세속 동아리로 점차 전락하고 있다.

세속 동아리로 전락한 교회들은 더 이상 가장 정의로운 나라를 전파하지 않는다. 그런 교회에 모인 사람들은 사람의 본을 따르는 데 관심이 없고 사람들을 평가하고 분류하고 배제하고 경계하는 데 정신이 팔리게 된다. 인습 전통에 따라 성공을 좇고, 인습 전통에 따라 사람을 평가한다. 하느님 나라의 정책으로부터 가장 멀리 떨어져 있는 이명박이나 박근혜 같은 정치 모리배를 교회가 적극 나서서 세속 국가의 정치 지도자로 내세운다. 상당히 많은 한국 교회들이 여태 이런 식으로 정의롭지 못한 통치에 부역해 왔다.

가장 정의로운 나라, 곧 하느님 나라는 사람들에게 해방을 선물한다. 그렇게 해방된 사람들은 사람의 본을 따르며 사람의 길을 걷는다. 그 나라는 사람들이 어떤 계급을 갖고 있는지, 얼마큼 재산을 갖고 있는지, 학식이 어떠한지,

무슨 이데올로기를 갖고 있는지, 무슨 교리를 믿고 있는지, 무슨 종교를 갖고 있는지를 따지지 않는다. 사람의 길을 걷는 것이 이미 충분히 그리스도인이 되는 일이듯이, 사람의 길을 걷는 이들의 모임은 이미 충분히 훌륭한 교회이다. 하지만 오늘날 많은 기독교회는 사람의 길을 걷지 않는다. 오히려 사람과 사람 사이의 장벽을 더 높게 만드는 데 앞장선다. 약간의 교리 차이 때문에 살릴 놈 죽일 놈 할 만큼 다툼이 벌어지는 곳이 한국 교회이다.

명심해야 할 것이 있다. 우리는 이미 어렴풋하게 사람이지만 아직 완전히 사람이 아니다. 우리는 땅의 작용만으로 사람이 되지 못한다. 정의와 사랑 같은 하늘의 작용도 우리에게 필요하다. 훈민정음의 창제 원리가 말해 주듯이 사람은 하늘과 땅 사이에 있다. 아담이 그렇듯이 사람은 땅의 흙과 하늘의 숨으로 빚어졌다. 교회는 땅과 하늘이 만나는 장소이다. 이곳에서 사람들이 생성된다. 이곳에서 사람들이 자라난다.

교회는 사람이 생성되는 공간이 되어야 한다. 교회는 사람들의 공동체 바로 코뮌, 그냥 단순히 코뮌이 되어야 한다. 그곳은 교리를 세뇌하는 곳, 헌금을 수탈하는 곳, 신학과 형이상학으로 우리 지성과 감성을 수탈하는 곳, 의존성과 수동성과 배타성을 극대화하는 곳이 되어서는 안 된다.

제 4 부

이성의
한계 안에서 본
하느님

1
되도록 솔직하게

우리는 약 2000년 전 팔레스타인에서 청년기를 보낸 예수라는 인물에 대해 정확히 무엇을 알고 있는가? 우리가 안다고 생각하는 그 인물이 약 2000년 전에 팔레스타인에서 청년기를 보낸 실제 인물이거나 한가? 우리는 신화에 나오는 가짜 이야기를 믿고 있는 것은 아닌가? 우리가 예수에 대해 알고 있는 것은 '복음서'라 불리는 네 개의 책으로부터 나왔다. 이 책의 이름은 '마태복음', '마가복음', '누가복음', '요한복음'이다. 이 네 복음서는 우리에게 주어진 자료이다.

이 책의 저자들은 각각 마태^{마타이}, 마가^{마르코스}, 누가^{루카스}, 요한^{요한나}으로 알려져 있다. 이들은 예수의 제자 또는 그 제자의 제자이다. 이들은 각자 나름의 시각으로 예수의 말과 행위들을 기록하고 있다. 이 책들에 따르면 마태와 요한은 예수의 12제자에 속한다. 마가와 누가는 예수의 12제자에 속하지 않지만 예수와 직접 대면했을 가능성이 있다. 물론 우리는 이 네 명이 모두 실존 인물이 아니라고 주장할 수도 있다. 하지만 우리는 현재 네 개의 복음서를 갖고 있다. 복음서가 있다면 당연히 이를 저술한 사람도 있다. 다시 말해 이 복음서들을 기록한 한 명 이상의 사람이 분명히 존재한다. 편의상 네 복음서를 저술한 또는 편집한 저자를 상정하고 그들을 각각 '마태', '마가', '누가', '요한'으로 부르기로 하자. 이 이름들이 한 명의 저자를 부르는 네 가지 이름일 가능성은 없다. 이들은 적어도 2명이 넘는다. 이 복음서들은 '예수'라 불리는 한 인물에 대해 진지한 이야기를 전해 주고 있다.

복음서에서 언급된 예수는 약 2000년 전에 팔레스타인에서 청년기를 보낸 사람들 가운데 한 사람일까? 예수가 실존 인물이라고 판단하기 위해서 우리는 네 복음서가 한갓 소설이 아니라고 가정해야 한다. 네 복음서가 지어낸 이야기에 불과한지 아니면 역사에서 실제로 벌어진 일부 사실들을 보고하고 있는지는 판단하기 어렵다. 하지만 복음서가 완벽한 허구라고 주장하는 사람은 매우 드물다. 또한 복음서에 담긴 모든 것이 문자 그대의 사실을 담고 있다고 믿는 사람도 역시 드물다.

우리는 이 어중간한 자료를 어떻게 대해야 할까? 먼저 우리는 복음서에서 '예수'라 불리는 사람이 말한 것으로 되어 있는 문장들이 실존하는 누군가의 생각에서 나왔다고 믿어야 한다. 의미를 가진 모든 말과 글은 의미 있는 표현을 산출하는 실제 존재로부터 나온다. 물론 그 실존 인물은 마태, 마가, 누가, 요한, 또는 바울 가운데 한 사람일 수 있고 그들의 알려지지 않은 스승일 수 있고 그들의 제자일 수 있다. 또는 이들과 전혀 상관없는 인물일 수도 있다. 다만 그 사람은 이 복음서의 저술 연대 이전에 존재했던 사람이어야 한다. 왜냐하면 아직 존재하지도 않은 사람의 발화가 책에 기술될 수는 없기 때문이다. 이 점에서 복음서의 저술 연대는 나름 중요하다.

네 복음서 가운데 마가복음이 가장 먼저 쓰였다고 한다. 문헌학자들은 이 마가복음 외에 예수 이야기를 정리해 놓은 미지의 'Q' 문서가 존재했을 것이라고 추정한다. 'Q'는 '자료'를 뜻하는 독일어 낱말 '크벨르'의 첫 글자에서 따온 것이다. 이것은 19세기 중후반 바이써, 바이쓰, 베른러, 벨하우젠 등에 의해 도입되었다. 이들은 마태복음과 누가복음이 마가복음과 Q 문서를 참고하여 쓰였다고 주장한다.

최근 연구에 따르면 Q가 시리아어[아람어] 구전이 아니라 처음부터 그리스어 문헌으로 작성된 것으로 보인다. 잠시 마가복음, 마태복음, 누가복음 사이의 내용 중복을 보여 주는 아래 표를 보자. 이 표는 토니 호노레의 1968년 연구에서 가져온 것이다.

책	고유 내용	마가와 중복되는 내용			마태와 누가만
		세 곳 공통	마가와 마태만	마가와 누가만	
마가복음	3%	76%	18%	3%	0%
마태복음	20%	45%	10%	0%	25%
누가복음	35%	41%	0%	1%	23%

마가복음에 나오는 구절은 대부분 마태복음과 누가복음에도 나온다. 하지만 마태복음과 누가복음에만 나오는 구절이 상당히 있다. 요한복음에만 나오는 구절은 약 92%나 된다고 하는데 이는 이 책이 다른 세 복음서와 거의 독립되어 있는 문헌이라는 것을 말해준다.

이를 통해 학자들은 다음과 같이 추론한다. 마태복음, 마가복음, 누가복음에서 공통되는 부분은 대체로 마가복음에서 왔고, 마가복음에 나오지 않지만 마태복음과 누가복음에만 나오는 부분은 Q 문서에서 왔다는 것이다. 예를 들어 마태복음 3장 7절에서 10절까지에는 세례자 요한의 말이 나온다.

독사의 자식들아, 누가 너희에게 닥쳐 올 징벌을 피하라고 일러 주더냐? 뉘우침에 알맞은 열매를 맺어라. 그리고 너희는 속으로 주제넘게 '아브라함이 우리 조상이다' 하고 말할 생각을 하지 말라. 내가 너희에게 말한다. 하나님께서는 이 돌들로도 아브라함의 자손을 만드실 수 있다. 도끼를 이미 나무뿌리에 갖다 놓았으니, 좋은 열매를 맺지 않는 나무는 다 찍어서 불 속에 던지실 것이다.

이 구절은 마가복음에 나오지 않는다. 하지만 이 구절은 누가복음 3장 7절에서 10절에도 나온다. 두 복음서의 그리스어 원문을 비교해 보면 몇 낱말을 제외하고 거의 똑같이 진술되어 있다. 이것은 마태와 누가 가운데 한 사람이 다른 한 사람의 기록을 참조했거나 둘이 제3의 자료를 인용했다는 것을 뜻한다. 마태와 누가가 세례자 요한의 말을 직접 들었을 가능성은 거의 없기 때문에 둘이 제3의 자료를 인용했을 가능성이 높다.

신약성경은 네 복음서와 바울서신 등 27권의 책으로 이루어져 있다. 학자들은 신약의 책들이 기원후 45년에서 100년 사이에 저술된 것으로 추정한다. 이 시점의 역사를 다룬 여러 서적들에서 '예수' 또는 '그리스도'가 나온다. 가이우스 플리니우스는 기원후 98년에서 117년까지 로마 황제로 있었던 트라이아누스에게 보내는 편지에서 황제에게 경배하지 않는 '그리스도인'을 언급하고 있다. 이 편지는 기원후 112년경에 작성된 것으로 보인다. 따라서 기원후 112년경 이전에 이미 그리스도인의 무리가 존재했고 이들은 당시 이미 로마 제국의 관리 대상으로 간주될 만큼 상당한 영향력을 행사하고 있었음이 거의 확실하다. 트라이아누스 황제에게 보낸 플리니우스의 편지 자체가 조작일 가능성은 거의 없다. 아무튼 이 역사 자료는 복음서와 신약의 저술 연대와 부합한다. 물론 이로부터 우리는 복음서의 모든 문장들을 참된 역사 보고로 간주해야 한다고 결론 내려서는 안 된다. 하지만 적어도 복음서의 주인공이 기원후 100년 이후에 날조된 인물이 아니라는 것은 분명해 보인다.

타키투스가 기원후 116년경에 쓴 『연보』에는 기원후 63년경에 발생한 로마 대화재를 그리스도인과 결부시키는 구절이 나온다. 여기서 타키투스는 '그리스도'라 불리는 인물을 티베리우스 황제 때 유대 지역 총독 폰디우스 필라투스^{본디오 빌라도}에게 끔찍한 처벌을 받은 인물로 기술한다. 티베리우스가 황제로 있었던 기간은 기원후 14년에서 37년까지이며, 필라투스가 로마 식민지 유대 지역을 다스리던 때는 기원후 26년에서 36년까지이다. 타키투스의 기록이 얼마큼 정확한지 확인할 길은 없다. 그의 기록을 역사 자료로 받아들일 경우, '그리스도인'이라 불리는 사람들이 기원으로 삼는 '그리스도'라는 인물은 기원후 36년 이전에 존재했던 사람으로 보아야 한다.

우리는 복음서의 주인공 예수가 살과 뼈를 가진 사람이며 이 우주의 특정 시간과 공간 내에 존재했던 인물이라고 믿고 있다. 이제 우리가 로마의 역사가나 관료들이 거론하는 인물과 복음서에 기록된 '예수 그리스도'라는 인물을 동일 인물이라고 여기는 데 큰 무리가 없다. 다만 예수에 관해 언급한 복음서의 모든 진술들이 사실이라고 볼 근거는 아직 제시되지 않았다.

신약성경 중에서 가장 먼저 저술된 것은 복음서가 아니라 편지이다. 대부분의 편지는 바울이 초기 그리스도인들에게 보낸 것이다. 그 가운데 갈라디아서는 기원후 약 45년에서 55년 사이에 저술된 것으로 알려져 있다. 데살로니가전서와 후서는 약 50년, 빌레몬서는 약 56년, 로마서와 고린도전서와 후서는 약 57년에 저술된 것으로 알려져 있다. 바울의 전도 여행 이후 많은 그리스도인들이 생겨났다. 이들 공동체 내에서 예수 그리스도에 대한 표준 문서가 필요했을 것이다. 이러한 필요성 때문에 기원후 60년경부터 복음서가 저술된 것으로 보인다.

신약성경의 27권 가운데 역사서는 네 복음서와 사도행전이다. 이 책들의 저술 연대와 남아 있는 사본을 대략 정리하면 아래 표와 같다.

책	저술연대	남아 있는 가장 오래된 사본
마태복음	AD 약60~85년경	AD 약150~250년
마가복음	AD 약60~70년	AD 약250년
누가복음	AD 약60~90년	AD 약175~250년
요한복음	AD 약60~95년	AD 약125~250년
사도행전	AD 약60~90년	AD 약250년

복음서 사본 가운데 가장 오래된 것은 요한복음 18장 일부가 담긴 파피루스 52인데 제작 시점은 기원후 125년경으로 추정한다. 신약성경 전체가 수록된 수기 사본 중에서 가장 오래된 것은 시나이 사본^{코덱스 시나이티쿠스}이다. 이것은 기원후 350년 전후에 작성된 것으로 보인다.

현재 신약성경은 5,686종의 그리스어 사본이 존재한다. 그리스어 외에도 1만9,000여 종의 시리아어, 라틴어, 콥트어, 아랍어 사본이 존재한다. 문서 비평가들은 통계 방법을 활용하여 복음서 원본과 사본 사이의 일치 정도를 평가한다. 사본들 사이에 차이가 크면 클수록 원본과 사본의 차이도 크다. 반대로 각종 사본들 사이에 차이가 작으면 작을수록 원본과 사본의 차이도 작다.

이러한 통계 방법을 통해 현재 우리가 갖고 있는 복음서 기록이 복음서 원본과 상당 부분 일치한다는 결론을 얻을 수 있다. 물론 이 결론으로부터 복음서 원본이 실제 사실을 바탕으로 기록되었다고 예단해서는 안 된다. 아무튼 신약의 경우 다른 문헌들에 비해 원본과 사본의 일치도가 매우 높다.

나아가 현존하는 사본 저술 시기와 원본 저술 시기 사이의 시간차도 신약은 다른 문헌들에 비해 훨씬 작다. 가령 플라톤의 책은 기원전 427년 이후에 작성된 것으로 추정하는데 이 책의 사본 가운데 가장 오래된 것은 기원후 895년경에 작성된 것이다. 이처럼 플라톤 책의 경우 원본과 사본 사이의 시간차가 1,200년에서 1,300년 정도가 된다. 아리스토텔레스의 책도 원본과 사본 사이의 시간차가 1,400년을 넘는다. 하지만 신약은 그 차이가 100년 안팎에 지나지 않는다. 신약과 다른 문헌들의 사본 신뢰성에 관해서는 아래 표를 참조하기 바란다.

책 또는 저자	저술시기	가장 오래된 사본	원본과 사본 간격	사본수	사본간 일치
플리니우스	AD 61~113	AD 850경	750년	7	–
플라톤	BC 427~347	AD 900경	1200년	7	–
헤로도투스	BC 480~425	AD 900경	1300년	8	–
투키디데스	BC 460~400	AD 900경	1300년	8	–
에우리피데스	BC 480~406	AD 1100경	1300년	9	–
아리스토파네스	BC 450~385	AD 900경	1200년	10	–
타키투스	AD 100경	AD 1100경	1000년	20	–
아리스토텔레스	BC 384~322	AD 1100경	1400년	49	–
소포클레스	BC 496~406	AD 1000경	1400년	193	–
호메로스	BC 900경	BC 400경	500년	643	95%
신약	AD 45~100	AD 130경	100년 안팎	5,686	99.5%

이 표는 1976년의 노만 가이슬러, 1993년의 조쉬 맥도웰, 2001년의 페일 등의 연구에 기초하고 있다.

복음서들의 최초 저술 이후에 후대 사본 필사가들이 본문을 조작했을 가능성은 매우 낮다. 설사 그들이 조작했다 하더라도 대조할 만한 다른 사본들이 충분히 많아 그 조작을 원본의 진술에 가깝게 교정할 수 있다. 결국 우리가 신약의 기록들을 인용할 때 그 구절은 작성자가 처음 저술할 때 기록한 구절과 거의 같다고 가정해도 된다. 따라서 우리가 복음서 구절을 인용하는 것은 기원후 60년경 저자들의 증언을 인용하는 것과 거의 같은 효과를 지닌다. 물론 이로부터 그들의 증언이 모두 참이라고 곧장 결론 내려서는 안 된다. 복음서 일체를 일단 신뢰하기로 하자고 제안하는 것은 옳지 않다. 그렇다면 복음서 기록의 진실성을 어떻게 가늠할 수 있는가? 우리는 실존 인물 예수를 어떻게 만날 수 있는가?

2

실존 인물 예수를 만나는 길

무엇보다 우리는 예수가 발화했다고 주장하는 문장들에 관심을 둔다. 이 발화에는 모종의 고유한 사상이 표현되어 있다. 우리는 오직 복음서에서만 그 기원을 찾을 수 있는 사상을 발견할 수 있다. 만일 그 사상이 신약 이전에 저술된 문헌들에 나온 적이 없다면 우리는 그 사상을 마땅하게 예수에게 돌릴 수 있다. 물론 예수가 다른 누군가에게 영향을 받았다고 가정하는 것도 가능하다. 하지만 이 가정을 정당화할 만한 증거가 없음에도 불구하고 그것을 가정하는 것은 복음서의 저자 또는 복음서의 주인공 예수를 아예 처음부터 불신하겠다는 태도를 표명하는 것에 불과하다. 그것은 이성에 따른 태도가 아니다.

예수가 도대체 누구인지 추적하는 우리 방법의 첫 단계는 다음과 같다.

단계1: 먼저 복음서 기자들이 보고하는 예수의 발화들을 확인한다.

복음서의 기자들은 여러 명이며 이들은 실존 인물이라고 가정한다. 먼저 예수는 복음서 저자들이 아니다. 복음서 저자들은 예수를 약간 다르게 묘사하지만 이들은 한 명의 인물에 대해 이야기하고 있다. 복음서 저자들은 여러 명이기 때문에 복음서 저자들 각각이 예수가 될 수는 없다.

> 단계2: 예수의 발화에 담긴 의미를 가능한 한 우리 지성으로 이해할 만한 방식으로 해석한다.

이해할 수 없는 발화는 해석 대상에서 일단 제외한다. 그 다음,

> 단계3: 해석된 예수의 발화들을 종합하여 모종의 일관된 사상 체계를 찾아낸다.

일관된 사상 체계 내에 편입시킬 수 없는 예수의 발화를 체계 바깥에 그냥 남겨 놓는다.

> 단계4: 그 사상 체계가 신약 저술 시기 이전에 출현한 다른 사상의 영향을 받았는지 검토한다.
> 단계5: 만일 그 사상에 독창성을 부여할 수 있다면 그 독창성의 주인을 J에게 돌린다.

여기서 J는 복음서들에 나오는 예수의 발화에 담긴 사상의 주인공이다.

이제 우리는 J가 실존 인물이라고 주장한다. 그 근거는 명확하고 강력하다. 그 근거는 모든 의미 있는 발화는 그 기원자가 반드시 실존해야 한다는 것이다. 예수가 표현한 사상들 가운데서 독창성을 인정할 만한 사상은 실존 인물 J에게서 나왔다. 이것은 복음서에 담긴 내용들이 모두 참되다고 우리가 사전

에 가정했기 때문에 나온 결론이 아니다. 그 어떤 사상이든지 사상의 주인공은 실존 인물이거나 실존 인격체여야 하기 때문에 우리가 J의 실존을 가정하는 것은 완전히 이성에 부합한다. 이제 남은 문제는 예수와 J가 동일 인물인가 하는 물음이다. 네 복음서를 쓴 사람들은 두 인물이 동일하다고 주장할 것이다. 예수의 실존을 입증할 확실한 증거가 없기 때문에 예수와 J가 동일 인물이라고 곧장 결론내리는 것은 마땅하지 않다.

만일 예수와 J가 다른 인물이라면 J는 예수의 입을 빌려 자기 이야기를 하고 있는 셈이다. 만일 예수와 J가 다른 인물이라면 J는 복음서의 저자들 자신이거나 그들이 영향 받은 제3의 인물일 것이다. 하지만 J가 복음서의 저자들이라는 생각은 거의 그럴듯하지 않다. 복음서 저자들이 전해 준 예수는 복음서 저자들이 아니다. 이 때문에 예수의 입을 빌려 말하고 있는 J도 복음서 저자들이 아니다. 물론 이런 상상을 해볼 수 있다. 복음서 저자들 가운데 한 명이 J이고 그와 다른 저자들이 함께 복음서를 쓰면서 예수를 창출했다고 말이다. 하지만 복음서 저자들이 이런 기발한 사기극을 펼쳤다고 생각할 근거는 전혀 없다.

결국 만일 예수와 J가 다른 인물이라면 J는 복음서의 저자들이 영향 받은 제3의 인물일 것이다. 우리는 그 제3의 인물을 예수라고 부르지 못할 아무런 이유가 없다. 이처럼 예수와 J가 다른 인물이라고 가정하는 것은 불필요한 혼란만 낳을 뿐이다. 따라서 논리 관점에서 약간의 빈틈이 있겠지만 예수와 J가 아마도 동일 인물이라고 결론 내리는 것은 이성에 어긋나지 않는다. 이제 J가 실존 인물이기 때문에 예수도 실존 인물이라는 결론을 얻는다. 지금까지 이야기를 요약하면 다음과 같다. 첫째, 네 복음서의 주인공 예수와 그 주인공이 표현했던 사상의 실제 저자 J는 동일한 인물이다. 둘째, 그 인물은 실제로 존재했다. 이제 'J'라는 이름을 버리고 'J'를 써야 할 곳에 '예수'라고 쓰겠다.

복음서의 주인공 예수가 실제로 존재했던 인물이라는 결론을 얻었다고 해서 복음서에 나오는 모든 이야기가 진실이 되는 것은 아니다. 또한 복음서에만 나타나는 고유한 사상이 실존 인물 예수의 사상이었다는 주장으로부터 복음서에 나오는 그의 행적이 사실이었다는 결론을 이끌어낼 수도 없다. 보통의 경우 사람의 행위를 먼저 보고 그의 발화를 해석해야 하는 것이 바른 순서이다. 하지만 우리는 예수의 행적을 실제로 목격하지 못했고 복음서의 기록을 모두 받아들이기 어려운 측면도 있다. 그래서 불가피하게 예수의 사상과 부합하지 않는 그의 행적은 우리의 관심 바깥으로 잠시 밀쳐놓아야 한다.

예수가 도대체 누구인지 추적하는 우리 방법은 단계5에서 멈추지 않는다.

단계6: 예수의 사상으로부터 복음서에 기록된 예수의 행위들을 해석한다.

기록된 예수의 행위들 가운데 예수의 사상과 부합하지 않는 행위들은 해석 대상에서 제외한다. 특히 우리 지성이 쉽게 받아들일 수 없는 기적 사건들은 해석에서 제외하는 것이 현명해 보인다. 물론 기적은 결코 일어날 수 없다고 전제할 필요는 없다. 어떤 의미에서 우리 언어와 생각과 행위들은 거의 항상 기적으로 가득 차 있다. 다만 사람들의 환심을 사거나 거부감을 일으키는 특수한 기적을 상정하는 것은 합당한 자세가 아니다. 예수도 그러한 일을 되도록 피했다. "그대들은 나쁜 마음을 갖고 있고 믿지 못하기 때문에 기적을 원합니다."마태12:39

이리하여 우리는 예수의 사상과 부합하는 예수의 행적들만을 복음서들에서 추출할 수 있다.

단계7: 예수의 사상과 부합하는 예수의 행위들을 예수의 실제 행위로 여긴다.

생각을 가진 실존 인물은 많은 경우 그 생각에 맞게 행한다. 행위는 그의 사상이 드러나는 가장 또렷한 표현이다. 이렇게 파악된 행위들을 통해 실존 인물 예수의 사상을 더 잘 이해하게 된다. 물론 예수의 사상에 부합하지 않거나 우리 지성을 곤란하게 하는 예수의 행위는 예수의 행위로 돌리지 않아도 된다.

이런 식으로 우리는 기록된 예수의 발화와 행위들 가운데 일부를 실존 인물 예수의 실제 발화와 행위로 얻게 된다.

> 단계8: 이성의 관점을 줄곧 유지하면서 추출된 예수의 실제 사상과 행위들로
> 부터 우리는 예수가 실제로 어떤 인물인지를 추론한다.

이러한 추론을 통해 우리는 실존 인물 예수의 모습을 보다 더 밝고 또렷하게 보게 될 것이다. 이 예수는 복음서의 주인공 예수와 동일한 인물이다. 이러한 방법을 통해 얻은 예수의 모습은 철학자의 이성으로 본 예수이다. 이런 방식으로 예수를 만나는 것을 우리는 '예수에 대한 철학 해석'이라고 부른다.

우리의 이 접근은 이른바 '역사 속의 예수 접근'과 다르다. 이것은 성경 본문을 제외한 다른 역사 문헌, 고고학 자료, 당시 정치사회 체제 등을 주로 참조함으로써 예수를 규정하려는 시도이다. 또한 우리의 접근은 신약 본문의 문헌 비판을 먼저 고려함으로써 복음서 본문을 재구성하는 편집 비평들과 다르다. 우리의 접근은 교리의 체계화를 통해 신약 본문을 해석하는 조직신학 접근과도 구별된다. 우리는 우리에게 주어진 복음서 본문에서 일관성과 합리성을 극대화하는 방식으로 본문을 해석한다. 본문의 진실성을 극대화하는 방식으로 본문을 해석할 때 본문에 대한 올바른 해석을 얻는다고 믿기 때문이다.

물론 본문의 진실성을 높이는 해석을 얻기 위해 역사 속의 예수, 편집 비평, 조직신학 등의 방법들을 참조하는 것은 바람직한 일이다. 예수에 대한 우리

의 철학 해석은 정통 해석을 위태롭게 할 수도 있다. 본문의 일부가 거짓이라고 결론 내려야만 비로소 본문이 일관성 있게 더 잘 이해된다고 판단할 때가 있다. 이 경우 철학 해석은 본문의 일부를 의심하는 길을 택해야 한다. 최소한 우리는 그 본문을 우리의 검토 대상에서 단호하게 유보해야 한다. 우리가 판단 중지해야 할 문장들이 늘어날수록 우리는 복음서 본문을 이해할 수 없는 신비주의 문건으로 간주할 수밖에 없다.

하지만 우리가 앞에서 보았듯이 예수는 참으로 놀라운 모습으로 우리 지성 앞에 출현한다. 생각이 세상에 차이를 만든다. 가장 위대한 생각으로 가장 위대한 차이를 만든 이가 바로 예수이다. 예수의 생각, 그 생각을 품은 예수의 마음은 '거룩한 마음' 또는 '성령'이라고 달리 불린다. 나는 이를 '참 좋은 그 마음' 또는 '참 착한 그 마음'이라고 말하고 싶다. 우리는 예수의 생각을 이해함으로써 예수의 마음을 만난다. 만일 그의 마음과 우리 마음이 코뮌을 이룰 수 있다면 우리는 참된 다스림의 영역으로 들어가게 될 것이다. 우리는 해방될 것이다.

3

진선미가 작동하는 세계

그리스도인은 "예수는 그리스도이다"라는 말을 믿는 사람들이다. 그들은 예수가 가장 정의로운 나라의 행정 수반이라고 믿는다. 또한 우리는 가장 정의로운 나라의 행정 수반을 '하느님'이라고 부른다. 그래서 그리스도인은 "예수는 하느님이다"라는 말도 믿는다. 우리는 그리스도인들의 이 믿음을 어떻게 이해해야 하는가?

이 믿음은 보다 심오한 형이상학 배경 위에서만 이해될 수 있다. 비록 우리가 "예수는 하느님이다"라는 진술을 확고한 진리로서 증명할 수는 없겠지만 적어도 우리는 이 믿음을 믿는 것이 이성에 반하는 것이 아니라는 것을 차츰 이해하게 될 것이다.

우리는 아주 많은 믿음들을 가진다. 여기서 믿음이란 어떤 문장 또는 명제를 참이라고 여기는 태도이다. 우리가 믿는 모든 믿음이 거짓일 수는 없다. 나아가 우리가 믿는 대부분 믿음이 거짓일 수는 없다. 우리가 믿는 믿음들의 대부분이 죄다 거짓일 수 없다는 것을 증명하는 일은 인식론의 탐구에 해당한다. 인식론 연구자들은 이를 증명하는 것이 쉽지 않다는 것을 다들 알고 있다.

한 언어철학자에 따르면 믿음 체계의 본성상 우리 믿음의 대부분이 오류일 가능성은 없다. 거짓 믿음은 오직 참인 믿음들의 거대한 바다 위에서만 의미 있게 말할 수 있기 때문이다. 또한 참이지도 거짓이지도 않은 것들의 거대한 체계를 믿음 체계라고 부를 아무런 이유가 없다. 우리 사람은 참인 믿음들을 이미 매우 많이 보유하고 있다. 다시 말해 우리는 참된 것을 얻을 능력을 갖고 있다.

진정한 의미를 갖지 않는 명제, 진위 판단을 할 수 없는 명제를 가짜 명제 또는 사이비 명제라고 한다. 20세기 초반에 논리실증주의 운동을 벌인 철학자들은 참인 명제를 감각 경험을 표현하는 명제로 제한시켰다. 그들은 상당히 많은 명제를 가짜 명제에 포함시켰다. 이들에 따르면 미추 판단이나 선악 판단뿐만 아니라 물체, 사물, 원인 등에 관한 판단도 가짜 명제이다. 분석철학은 논리실증주의 운동의 산물로 나왔는데 이 철학 연구가 무르익으면서 참인 명제의 영역이 점차 넓어지고 있다.

우리는 선악 판단을 표현하는 명제, 미추 판단을 표현하는 명제도 진정한 명제가 될 수 있다고 믿는다. 우리는 인권과 민권에 대한 상당히 많은 참인 명제들을 믿고 있다. 또한 우리는 그 믿음에 따라 실천해 왔다. 우리는 아름다움과 예술 작품에 대한 상당히 많은 참인 명제들을 믿고 있다. 또한 그 믿음에 따라 작품 활동을 해왔다. 우리 사람은 착한 것과 아름다운 것을 추구할 능력을 갖고 있으며 이미 상당히 많은 선행을 실천했으며 상당히 아름다운 작품들을 많이 만들었다. 의미 있는 명제는 우리 생각 곳곳에 있다. 믿음, 행위, 만듦 등 삶의 모든 영역에서 우리는 의미를 먹고 산다.

다수 자연주의자들에 따르면 선과 악의 구별은 일종의 환상 또는 착각이다. 하지만 선행과 악행은 구별되어야 한다. 이 말은 모든 행위가 선행이라는 주장이 아니다. 또한 이 말은 모든 행위가 악행이라는 주장이 아니다. 이 말은 모든 행위가 어떻게 보면 선행이고 다르게 보면 악행이라는 주장도 아니다. 이 말은 모든 행위가 선행도 악행도 아니라는 주장도 아니다. 사람의 일부 행위는 선행이고, 일부 행위는 악행이며, 일부 행위는 악행도 선행도 아니다.

선과 악의 분할은 한갓 허구가 아니다. 이것은 단순히 규약 또는 습관의 산물도 아니다. 선 개념과 악 개념의 분할은 인간 행위를 설명하는 본질 요소에 해당한다. 이것은 참 개념과 거짓 개념의 분할이 인간 믿음을 설명하는 본질 요소인 것과 마찬가지이다. 나아가 미 개념과 추 개념의 분할은 인간 창작을 설명하는 본질 요소이다.

우리는 진선미에 관한 한 회의주의를 거부한다. 우리는 인류가 건설한 현대 자연과학 체계를 상당 부분 받아들인다. 우리는 인류가 값비싼 희생을 치르며 이룩한 윤리 체계에 따라 행동하고 실천한다. 차별과 고문을 금지하고, 빈곤과 폭력을 줄이고, 평화를 심화하는 것이 옳은 길이라고 믿는다. 우리는 인류가 만들어온 예술 작품에 감탄하고 아름답게 여긴다.

하지만 진선미의 영역은 자연 현상에 부수해서 일어나는 일이 아니다. 참된 것과 착한 것과 아름다운 것을 추구하고 성취하는 우리의 능력은 물리 세계가 자연법칙에 따라 우리에게 부여한 타고난 본능이 아니다. 진선미가 작동하는 이곳은 한갓 물리 세계인 것만이 아니다. 자연법칙만으로는 우리의 이 능력과 성취를 해명할 수 없다.

모든 생명체는 에너지를 자기 안팎으로 교류한다. 물론 사람도 에너지를 섭취하고 배설하면서 생존을 유지하는 생명체이다. 하지만 사람이 교류하는 것은 에너지만이 아니다. 우리가 참말을 할 수도 거짓말을 할 수도 있다는 사실은 우리가 의미 있는 표현을 하고 있다는 것을 뜻한다. 사람은 참과 거짓의 평가를 받는 표현, 즉 의미를 지닌 표현을 산출할 수 있는 존재이다. 사람은 의미를 주고받으면서 삶을 유지하는 해석체이다. 의미는 단순한 물리 패턴이나 신경 상태가 아니다.

우리가 살고 있는 이 세계는 물질과 에너지가 출몰하는 곳이면서 또한 의미들이 출몰하는 곳이다. 만일 이 세계가 의미가 출몰하는 곳이라면 우리는 이 세계가 오직 물리 사건만으로 이루어져 있다고 믿을 필요가 없다. 이 세계는 측정되는 물리 사건만이 아니라 해석되고 이해되는 의미 사건도 벌어지고 있다. 우리의 역사는 단순히 자연의 역사만이 아니라 의미의 역사이기도 하다.

의미 있는 것을 말하고 생각하는 우리의 능력은 마음이라 불리는 기관에서 왔다. 이 마음은 물리 세계와 완전히 동떨어져 있지 않으며 우리 몸과 완전히 분리되어 있지 않다. 그렇다고 마음이 단순히 생명 활동이거나 두뇌 작용인 것도 아니다. 마음은 물리법칙에서 벗어날 약간의 자유를 갖고 있다. 나아가 마음은 자연 세계에 변화를 줄 만큼 약간의 힘도 갖고 있다. 우리는 완전히 정해진 물리법칙에 따라 행동하지는 않는다. 당연히 사람의 많은 행동들은 유전자, 호르몬, 환경 등에 영향 받고 조정 받는다. 하지만 이 말은 이런 물질의 영향에서 벗어난 사건이 이 세계에 전혀 발생하지 않는다는 말이어서는 안 된다. 우리는 이 자연 세계에 다른 일이 일어나게 할 수 있을 만큼 능동성을 갖고 있다.

사람들은 제각기 마음을 갖고 있다. 이 여러 마음들은 서로 소통하며 서로를 알아본다. 우리는 다른 사람의 말이나 행위를 해석함으로써 그들의 마음 상태를 일정 정도 알 수 있다. 마음들은 나름대로 진선미를 추구하며 의미와 가치를 어느 정도 공유한다. 이로써 마음들은 공동체를 이룬다. 이 공동체 속에서 새로운 사람과 새로운 마음이 생기고 길러진다. 이런 공동체를 우리는 '코뮌'이라 한다.

한 사람의 마음은 그의 두뇌나 몸 안에 외롭게 갇혀 있는 유령이 아니다. 진선미의 평가를 받는 의미들이 이 코뮌에 퍼져 있듯이 우리의 각 마음도 이 코뮌에 퍼져 있다. 우리가 코뮌의 거주자가 아니라면 우리에게는 참인 믿음도, 착한 행위도, 아름다운 작품도 있을 수 없다. 호르몬과 신경전달물질과 단백질과 DNA의 지배를 받는 생존 기계들의 군집에서는 정의로움이 출현하지 않는다. 우리가 코뮌의 일원이 될 때만 우리는 정의를 생각하고 바랄 수 있다. 코뮌이 환상이라면 우리가 정의로운 나라를 바라는 것도 환상에 불과하다. 하지만 그리스도인들은 정의로운 나라를 바라는 것이 환상에 불과하다고 생각하지 않는다. 그리스도인들은 참되고 착하고 예쁜 마음들이 길러지는 코뮌을 만들어 낸다.

4
예수는 하느님인가?

우리는 이 우주에 태양계가 존재하고 그 안에 지구가 존재하며, 거기에 많은 사물들과 사람들이 살고 있다고 믿는다. 정말이지 우리 몸 바깥에 많은 사물들과 사람들이 존재한다. 우리는 그들과 한 우주 속에 거주하고 있다. 지구 어딘가에 팔레스타인이라 불리는 지역이 있다. 이 팔레스타인은 약 2000년 전에도 존재했으며 그곳에 사람들이 살고 있었다. 우리는 '예수'라 불렸던 사람이 그때 그곳에서 청년기를 보냈다고 믿는다. 이제 우리는 바로 그 예수가 하느님이라는 것을 믿을 수 있는가?

만일 누군가 나에게 "당신은 진정한 그리스도인이시군요"라고 하면 나는 매우 행복할 것 같다. 분명 진정한 그리스도인이 되는 것은 자랑스러운 일이다. 그런데 진정한 그리스도인이 되기 위해 "예수는 하느님이다"라는 말을 믿어야 하는 것처럼 보인다. 온전한 지성을 가지고도 여전히 "예수는 하느님이다"라는 말을 믿는 것이 어떻게 가능한가? 이처럼 진정한 그리스도인이 되는 것은 지성인에게 스캔들처럼 보인다.

먼저 "예수는 하느님이다"라는 문장을 간단히 분석해 보자. 여기서 '예수'는 어느 한 사람을 가리키는 고유명사 또는 홀이름씨이다. 이 홀이름씨는 우주에 존재하는 유일한 인물을 가리킨다. '예수'라는 이름이 가리키는 실제 인물에 대해서는 이미 앞에서 말했다. '하느님이다'는 술어 또는 풀이말이다. '하느님 이다'는 '하느님'이라는 일반명사 또는 두루이름씨에 풀이말 토씨 '이다'를 붙여 만들었다. '하느님이다'를 만족하는 것이 오직 하나밖에 없기 때문에 '하느님'을 '하나님'이라고 고쳐 부르는 사람이 많다. 하지만 '하나님이다'에서 '하나님'은 일반명사가 아니라 고유명사이다. "예수는 하느님이다"와 "예수는 하나님이다"는 문장 구조가 매우 다르다.

물론 우리가 "하느님은 오직 하나밖에 없다"와 "하나님은 하느님이다"를 가정하면 "예수는 하느님이다"로부터 "예수는 하나님이다"를 이끌어 낼 수 있다. "하느님은 오직 하나밖에 없다"는 '하느님'의 개념으로부터 쉽게 이끌어 낼 수 있는 것처럼 보인다. 이 때문에 "하느님은 오직 하나밖에 없다"라는 말은 거의 자명한 진술처럼 보인다.

하지만 "하나님은 하느님이다"는 상당히 이해하기 어려운 진술이다. '하나님'은 고유명사이기 때문에 이것은 하나의 유일한 대상을 가리킨다. 우리는 이 대상을 어떻게 경험하고 어떻게 인지할 수 있는가? 지성의 관점에서 볼 때 "하나님은 하느님이다"는 그 진위를 가리기 몹시 어려운 문장이다. 이 점에서 "예수는 하나님이다"라는 말을 믿고 싶은 사람은 "예수는 하느님이다"에 추가해서 "하느님은 오직 하나밖에 없다"라는 점을 믿는 데 만족하는 것이 좋겠다. 그런 다음 '오직 하나밖에 없는 하느님'을 '하나님'으로 정의하면 된다.

"예수는 포유류이다"라는 말을 이해하기 위해 우리는 '포유류이다'라는 술어를 이해해야 한다. 마찬가지로 "예수는 하느님이다"라는 진술을 이성에 따라 이해하기 위해 우리는 '하느님이다'가 무슨 뜻인지 이해해야 할 것 같다. 실제로 역사상 많은 사상가들이 '하느님이다'를 이해하기 위해 노력했다. 우리는 어떤 존재에 대해 "그것은 하느님이다"라고 말할 수 있을까? "그것은 하느님이다"라고 말할 수 있는 것을 직접 경험하지 않은 채 우리는 '하느님이다'라는 술어를 이해할 수 있을까?

"그것은 페가수스이다"라고 말할 수 있는 것은 없다. 하지만 우리는 '페가수스이다'라는 말의 뜻을 이해하고 있다. 이것이 어떻게 가능한가? 이것은 '날개와 뿔이 달린 말이다'라는 말을 우리가 이해하고 있기 때문이다. 우리는 '날개가 달려 있다', '뿔이 달려 있다', '말이다'라는 말을 이해할 수 있다. 우리는 날개 달린 것을 경험할 수 있고, 뿔이 달린 것을 경험할 수 있고, 말인 것을 경험할 수 있다. '페가수스이다'를 '날개와 뿔이 달린 말이다'로 바꾸어 이해할 수 있듯이 '하느님이다'도 그렇게 바꾸어 이해할 방법이 없을까?

많은 철학자들은 '하느님이다'를 '모든 참된 것을 알고 있고, 모든 착한 것을 바라고, 바라는 모든 것을 할 수 있는 존재이다'로 바꾸어 이해하곤 한다. 이것도 모자라 여기에 '모든 곳에 있고', '언제나 있고', '모든 것을 다스리고', '아름다운 모든 것을 만들었고' 등을 덧붙이는 철학자도 있다. '하느님'을 단순히 '가장 완전한 이' 또는 '무한히 완전한 이'라고 정의함으로써 이 정의로부터 하느님은 모든 것을 다 알고, 모든 것을 할 수 있으며, 가장 좋은 것을 선택하는 존재라는 것을 이끌어 내기도 한다. 몇몇 철학자는 '하느님'의 이런 정의로부터 "하느님은 존재한다"뿐만 아니라 "하느님은 오직 하나밖에 없다"를 그다지 어렵지 않게 도출하곤 한다.

스피노자는 "하느님은 다른 것과 견줄 수 없는 무한한 실체이다"로부터 "하느님은 오직 하나밖에 없다"뿐만 아니라 "만물이 하느님 안에 들어 있다"를 이끌어낸다. 스피노자를 오해한 사람들은 만물 안에 하느님이 들어 있다고 잘못 말하곤 했다. 하지만 헤겔 이후의 독일 이상주의 철학자들은 확실히 스피노자의 바로 저 하느님 개념을 계승했다.

하느님의 존재를 믿는 철학자들을 가장 괴롭힌 문제는 '하느님' 개념을 만족하는 것이 참말로 존재하는가 하는 물음이다. 그들은 '하느님' 개념을 만족하는 것이 존재할 가능성이 있다는 것만 증명하면 "하느님은 실제로 존재한다"가 증명된다고 보았다. 다시 말해 '하느님이다'라고 말할 수 있는 것이 존재한다고 가정해도 모순을 낳지 않는다면, 바로 이 사실로부터 그런 존재가 저기 바깥에 실제로 존재한다는 것을 이끌어 낼 수 있다는 것이다. 그들의 추론은 다음 원리에 근거하고 있다.

만일 한 개념이 모순되지 않는다면 바로 그 개념으로부터 반드시 따라 나오는 주장은 참이다.

예를 들어 '삼각형' 개념이 모순되지 않는다면, '삼각형'의 개념으로부터 반드시 따라 나오는 명제는 삼각형에 관해 참인 것을 진술한다. 더 자세히 설명해보자. '둥근 네모' 개념이나 '빨간 파랑' 개념은 모순을 품고 있다. 하지만 '삼각형' 개념은 모순을 품고 있지 않다. 우리는 삼각형의 개념으로부터 "삼각형 내각의 합은 180도이다"라는 진술을 이끌어 낼 수 있다. "삼각형 내각의 합은 180도이다"는 삼각형에 대해 참되게 진술하고 있다고 보아야 한다. 하지만 삼각형은 저기 바깥에 존재하지 않아도 된다. 왜냐하면 삼각형의 개념으로부터 우리는 삼각형이 저기 바깥에 실제로 존재한다는 것을 이끌어 낼 수 없기 때문이다.

이제 하느님의 존재를 증명하고픈 철학자는 두 가지 과제를 갖게 된다. 첫째, '하느님'에 대한 올바른 정의 또는 개념을 명시하고 그 개념에 모순이 없다는 것을 증명한다. 둘째, '하느님'의 개념으로부터 "하느님이 저기 바깥에 실제로 존재한다"는 것을 이끌어 낸다. 안셀무스, 데카르트, 라이프니츠 등이 큰 기여를 했던 이러한 과제를 '존재론 증명 프로그램'이라 한다. 예를 들어 '하느님'을 '가장 완전한 이'로 정의한 다음, '가장 완전함'으로부터 '결여가 없음'을 도출하고 '결여가 없음'으로부터 '부재하지 않음'을 도출한다. '부재하지 않음'으로부터 우리는 손쉽게 '실제로 존재함'을 도출할 수 있다. '여대생'은 '대학생'이듯이 '가장 완전한 것'은 '존재하는 것'이다. 여대생인 사람이 대학생이 아닐 수 없듯이, 가장 완전한 것이 존재하지 않을 수는 없다.

존재론 증명 프로그램의 몇몇 반대자들은 '가장 완전함'에 '저기 바깥에 실제로 존재함'이 포함되어 있지 않다고 주장한다. 다른 반대자들은 '가장 완전함'이 모순을 품고 있다고 주장한다. 예를 들어 모든 것을 알 수 있는 존재는 없다거나, 모든 것을 할 수 있는 존재는 없다거나, 항상 언제나 최선의 선택을 하는 존재는 있을 수 없다고 논증한다.

내 생각에 존재론 증명 프로그램은 보다 심각한 문제를 안고 있다. 이 증명이 "하느님은 가장 완전하다"로부터 증명한 것은 "하느님이 존재한다"가 아니다. '하느님'은 일반명사이기 때문에 "하느님은 가장 완전하다"는 다음과 같이 기술되어야 한다. "무엇이든지 그것이 하느님이라면 그것은 가장 완전하다." 이제 우리는 존재론 증명 프로그램을 위해 다음 두 전제들을 얻었다.

1. 무엇이든지 그것이 하느님이라면 그것은 가장 완전하다.
2. 무엇이든지 그것이 가장 완전하다면 그것은 실제로 존재한다.

우리가 이 논증에서 얻을 수 있는 결론은 이렇다. "무엇이든지 그것이 하느님이라면 그것은 실제로 존재한다." 하지만 이 결론으로부터 어떤 대상에 대해 "그것은 하느님이다"라고 말할 수 있는 것이 우리 세계에 실제로 있는지 없는지 알 수 없다.

"하느님은 존재한다"라는 진술을 증명하려는 대부분의 노력은 한갓 지성의 놀이에 그칠 때가 많다. 특히 '하느님'을 '모든 것을 다 알고, 모든 것을 할 수 있으며, 가장 좋은 것을 선택하는 존재'로 바꾸어 이해하는 방식에는 큰 단점이 있다. '하느님'을 이런 식으로 바꾸어 놓았을 때 "예수는 하느님이다"라는 말을 믿는 것은 매우 어렵다. 이런 식으로 최고 지성을 가진 사람들은 결국 "예수는 하느님이다"라는 말을 받아들이지 않을 뿐만 아니라, "그 어떤 존재도 하느님일 수 없다"라는 결론에 이르게 된다. 하지만 이와 같은 일련의 추론들이 지성인들에게 남겨진 유일한 선택은 아니다.

　"예수는 하느님이다"라는 말을 믿은 사람들은 어떤 근거를 갖고 있는가? 몇몇 사람들은 예수가 남자와 잠자리를 갖지 않은 여성에게서 태어났다는 것을 그 근거로 제시한다. 이것이 어떻게 "예수는 하느님이다"라는 말을 믿을 만하게 하는 근거가 되는지 모르겠지만 많은 지성인들은 그 근거의 진위 자체를 의문시하고 있다. 예수가 여러 가지 기적을 일으켰기 때문에 그가 하느님이라고 주장하는 것도 마찬가지 단점을 갖고 있다. 예수가 다시 살아났다거나 하늘로 올라갔기 때문에 그가 하느님이라고 주장하는 것도 마찬가지이다.

　'하느님' 개념을 명료하게 정식화하는 것이 전혀 무가치하다고는 말할 수 없다. 하지만 '하느님' 개념을 만족하는 것이 실제로 있다 하더라도 우리는 그것을 어떻게 경험할 수 있는가? 그것을 경험하는 방법으로 신비한 체험이나 기적 같은 것을 들곤 한다. 하지만 확인되지도 공유되지도 않는 증거는 증거로서 효력을 갖기 어렵다. '가장 완전한 이'나 '무한히 완전한 이' 같은 철학자의 '하느님'도 경험으로 파악되는 것이 아니라 순전히 개념으로 파악된다. 앞에서 말했듯이 "하느님은 없다"라고 주장하는 사람도 '하느님'을 이와 같은 방식으로 이해한다.

　우리는 "예수는 하느님이다"라는 문장을 완전히 다른 방식으로 이해해야 한다. '하느님'이라는 낱말의 의미는 그 낱말이 포함되어 있는 참인 문장들로부터 나온다. '하느님'이 포함된 문장들 가운데 참인 문장은 무엇이 있을까? 그것을 찾기란 매우 어렵다. 예수가 주로 한 일은 '하느님'이 들어간 참인 문장들을 만들고 찾아낸 일이었다. 예수는 '하느님'을 직접 이야기하지 않고 그 대신 '하느님 나라'를 이야기했다. 나아가 예수는 하느님 나라를 이 땅에 실현하는 그 나라의 대표자이다. 하느님 나라는 곧 예수의 나라이다. 여기서 우리는 "예수는 하느님이다"라는 명제를 얻는다.

그리스도인은 "예수는 하느님이다"라는 문장 자체가 참이 되는 방식으로 '하느님'을 이해하는 사람이다. 그들은 '하느님'의 개념으로부터 "예수는 하느님이다"라는 결론에 도달하지 않는다. 오히려 그들은 "예수는 하느님이다"라는 말을 받아들임으로써 '하느님' 개념을 형성한다. '기독교'라 불리는 사상 체계와 '유신론'이라 불리는 사상 체계의 가장 돋보이는 차이는 바로 여기에 있다. 기독교는 "예수는 하느님이다"를 참인 문장으로 만드는 방식으로 '하느님'의 의미를 구성한다.

그리스도인은 예수의 말과 행위를 통해 '정의로운', '정의' 등의 의미를 파악한다. 그들은 사랑과 은총과 해방의 관점에서 이 세계를 진선미가 작동하는 세계로 파악한다. 그리스도인은 "가장 정의로운 나라가 여기 존재한다"는 사실을 예수의 기쁜 소식을 통해 믿게 된다. 그들은 해방의 사건, 구원의 사건, 은총의 사건을 통해 그 나라가 활동하는 방식과 그 나라의 힘을 경험한다. 이를 경험함으로써 그들은 "가장 정의로운 나라가 여기 존재한다"는 사실을 믿는다.

그리스도인은 그 정의로운 다스림을 만들어 내는 예수의 좋은 마음을 느낀다. 그들은 우리의 코뮌에 이미 스며들어와 생동하는 그 마음이 세계를 변모시키고 있다는 것을 또한 믿는다. 그리하여 진정한 그리스도인은 "예수는 가장 정의로운 나라의 행정 수반이다"라는 점을 믿는다. 나아가 "가장 정의로운 나라의 행정 수반은 하느님이다"라는 사실을 믿는다. 이로부터 진정한 그리스도인은 "예수는 하느님이다"라는 사실을 믿게 된다.

역사 속의 실존 인물 예수는 우리에게 두 가지 선물을 주었다. 첫째, 예수는 가장 정의로운 나라의 통치 방식을 묘사함으로써 가장 합당한 '하느님' 개념을 사람들에게 알려주었다. 자신의 말과 행위를 통해 그는 '하느님'이 포함된 많은 문장들을 진실이 되게끔 했다. 그 문장들을 참인 문장이자 기쁜 소식으로 받아들이는 사람은 그 문장들로부터 '하느님'의 개념을 형성하게 되었다.

둘째, 예수는 그 '하느님' 개념에 가장 부합하는 속성을 자기 스스로 드러내었다. 예수는 우리의 코뮌에 나타난 아름다운 마음이다. 그는 어쩌면 가장 아름다운 마음이고 가장 착한 마음이며 가장 참된 마음이다. 이를 가까이서 경험했던 사람들이 "예수는 하느님이다"라는 믿음을 갖게 되었고 그들은 그리스도인이 되었다. 그들은 예수의 마음을 공유하고 예수와 함께 해방에 종사하며 평화에 종사하며 은총에 종사하며 사랑에 종사한다.

:: 감사의 글

가난한 신학생이자 시골 전도사이셨던 아버지께서 진해 안골교회를 섬기고 있을 때, 그 어촌 마을에서 내가 태어났다. 어머니는 몸을 푼 후에 직접 바다에 뛰어들어 미역을 따서 끓여 먹었다. 아버지께서 섬기는 교회를 따라 삼가, 쌍백, 영주, 안동 등을 돌아다니다 진해 웅천에서 초등학생 후반부를 보냈다. 친구 철민, 동일, 영대 등을 억지로 웅천교회에 끌어들였다. 이 교회는 1900년에 세워졌고 주기철 목사를 배출했다. 내가 중학생 때 같은 교회 장로님 아들인 성철 형은 내가 물리학과 화학을 좋아하도록 세뇌시켰다. 그는 지금 일본에서 CCC^{대학생선교회} 선교사로 일하고 있다.

   고등학생 때는 경산으로 이사했다. 압량중앙교회에서 만난 배중철 선생, 현희, 귀혜, 실국, 경호, 석진 형, 혜경 누나, 애련과 승찬 형, 호식 형 등은 내 고교 생활을 아름답게 수놓았다. 대학생 때는 대구 조야제일교회로 옮겼다. 거기서 중학생부터 청년까지 온갖 다양한 친구들을 만났다. 동오, 소형, 선희, 영지, 혜원, 혜경, 별님, 욱일, 소영, 은희, 숙경, 정미, 정은, 송미, 은정, 선숙, 춘수, 지숙, 병조, 호진, 미경, 정은, 혜영, 승진, 윤상, 원경, 동근, 은옥, 영광,

성재 등 그들은 내 20대 초반을 모두 빼앗아간 영혼들이다. 이 교회에 있는 동안 큰 형님처럼 늘 나를 북돋워 준 김동춘 목사께 감사드린다. 그는 현재 전국 SFC^{학생신앙운동} 대표 간사로 섬기고 있다.

내가 1991년 미경과 정은을 만났을 때 이들은 이제 갓 중학교 1학년이었다. 정은은 나에게 『제인 에어』, 『테스』, 『말테의 수기』 등을 알게 했다. 미경은 아직까지 나를 '사랑하는 선생님'이라 부른다. 이들이 중학교 3학년 때 나는 대학원 물리학과에 진학했다. 성민 형, 상만 형, 현경 자매, 은정 자매, 현주 자매 등을 그 학교 기독인연합모임에서 만났는데 물리학과 김동언 교수께서 나를 그 모임에 초대했다. 아마 1994년 내가 학교를 자퇴하기로 결심한 후 정은과 함께 박문재 선생이 옮긴 비슬리-머레이의 『예수와 하나님 나라』를 읽었다. 예수의 메시지를 보다 또렷이 이해하려고, 읽은 것을 정리하여 인쇄해 갖고 다녔다. 함께 책을 읽고 토론해 준 정은에게 고맙다.

1994년 6월 진해 기초군사학교에서 땀과 진흙으로 범벅된 채 틈만 나면 낡은 훈련복 윗주머니에서 그 인쇄물을 꺼내 거의 외우다시피 읽고 또 읽었다. 짐승 같은 아이들 틈에서 나 또한 짐승처럼 살면서 무엇이라도 읽어야만 살 것 같았기 때문이다. 1994년 7월 아버지와 누나가 교통사고로 돌아가셨다. 진해에서 남은 갑판 수병 신병 교육을 마치고 고양 서오릉 기무사 훈련 학교에서 뜨거운 여름을 보냈다. 진해에서도 고양에서도 교육생들의 반장이었기 때문에 죽일 것 같은 눈매를 가진 간부들과 자주 말다툼을 했다. 그곳에서도 나는 틈이 날 때마다 그 인쇄물을 읽었다. 세상은 나에게 너무 따갑고 날카롭고 난폭했다. 해군 376기 친구들, 갑판 수병 181기 친구들, 병 기초반 23기 친구들은 이제 아무도 기억나지 않지만 당시 그 여름 함께 따가웠고 따뜻했다.

인천 기무사에서 대공 및 방첩 업무를 하는 부서에서 행정병으로 근무했다. 엄청나게 많은 문서들을 타이프하면서 10명이 넘는 수사관들의 수발을 들었다. 내무반이든 사무실이든 옥상이든 도서실이든 지하실이든 어디서든 서러울 때나 아플 때나 슬플 때나 힘들 때나 무엇인가를 읽었다. 읽을 책이 없으니 1980년대에 경찰, 검찰, 안기부, 보안사 등에서 만든 책들을 읽었다. 그 가운데 민중신학이나 해방신학 비판 서적도 있었는데 오히려 그 책을 통해 나는 그 신학에 매료되었다. 외출하여 민중신학 책을 정식으로 구입하여 부대로 가져왔다. 수사과장은 육사 출신 중령이었는데 나는 중령에게 민중신학을 읽어도 되는지 물었다. 그러면 허락해 줄 것 같았기 때문이다. 한참 생각한 후 그는 기무사에서는 그런 책을 읽는 병사들을 감시하는 곳이기 때문에 나에게만 예외로 그 책을 읽게 할 수는 없다고 말했다. 가능한 한 나를 존중해 준 당시 수사과장, 수사계장, 방첩계장, 다정다감한 또는 난폭한 수사관들에게 감사드린다. 하지만 내가 양심선언 가능 병사로 비밀리에 감시 받고 있다는 사실을 제대를 앞두고 우연히 알게 되었다. 내 가방이 때때로 털렸는데 거의 눈치채지 못했다.

영걸, 민관, 승철, 승우, 범식, 남규, 대봉, 기주, 진, 동균, 용준, 지성, 용찬, 승환, 봉환, 영각, 종열, 함께 주일을 지켰던 경석과 우식, 석기 등 이제 이름들만 노트에 기록되어 있다. 당시 나는 부대 바깥 부평 서부감리교회에 출석했는데 거기 홍 목사와 그의 가족이 나를 특별히 신경 써 주셨다. 혜선 자매, 교민 자매, 승희, 연정, 본정, 인표 형제, 병준 형제, 진수 형도 이제 얼굴조차 기억나지 않지만 내 병영 생활에 위로가 되었다. 이병 때 이 교회에 처음 들어섰을 때 나는 엉엉 울었다.

외박이나 휴가를 나올 때마다 나는 글을 썼다. 진수는 나의 글을 아주 좋아했다. 1996년 10월 병역 의무를 마친 뒤 대구 영남교회 청년들과 예수 이야기를 자주 했다. 상민, 종희, 진성, 재헌, 강수, 현석, 지영, 민정, 영임 등 내 서툰 이야기에 귀 기울여 준 친구들에게 고맙다. 1997년 3월에 철학과 대학원에 진학했는데 그곳 철학도들에게 예수 이야기를 자주 했다. 거의 모두 탐탁지 않게 들었지만 영주 선배는 내 이야기를 진지하게 들어 주었다. 율곡을 공부하는 이영경 선생도 나의 예수 이야기를 즐겁게 들어 주었다. 이들에게 감사한 마음을 전한다. 진수의 소개로 알게 된 문규는 이제 막 예수에 대해 듣기 시작했다. 예수에 대해 늘 새로운 질문으로 나를 자극했던 진수와 문규에게 고맙다. 문익환 목사의 평전을 읽으며 느낀 따뜻한 내 기분을 함께 나누었던 좋은 말동무 성현과 혜정에게도 고맙다.

대구 생활을 마무리하고 2005년 서울에 올라와 일을 했다. 당시 서울에 있던 진수와 함께 서울의 여러 교회들을 여행하듯 돌아다니며 놀았다. 등록하지 않은 채 소리 소문 없이 다녔던 서울 향린교회는 나에게 아주 좋은 경험이었다. 2006년 박창균 선생의 제안으로 압구정에 있는 새시대교회에 다니게 되었는데 거기서 희영, 용진, 승일, 혁중, 성원, 연민, 선아, 보선 등 아주 멋진 청년들을 만났다. 예수 이야기를 함께 나누어 준 친구들에게 고맙다.

2008년 7월 강유원 선생이 운영하는 작은 공부방에서 예수의 정치신학에 대해 5주 동안 강의할 기회를 얻었다. 이 공부를 도와준 강 선생, 이름을 기억할 수 없는 도우미, 매번 참석하여 피드백해 준 가영에게 고맙다. 2010년 10월부터 서울 계동에서 생각실험실을 열었을 때 이정민 선생, 가영, 수민, 주연 등은 나의 예수 이야기를 인내심 있게 들어 주었다. 생각실험실을 만드는 데 도움 주신 많은 분들, 여기에 자주 오간 모든 친구들에게 고맙다.

예수 이야기라면 무조건 열정을 보이신 고인석 선생, 김재영 선생, 김유신 선생, 박창균 선생, 송하석 선생, 놀랍도록 새로운 방식으로 예수를 이야기해 주신 장회익 선생께도 감사드린다. 김재영 선생의 소개로 뵙게 된 길담의 박성준 선생께서는 이 책이 나오면 꼭 읽어보시기로 했다. 노소영 관장, 김홍기 선생, 최윤정 매니저와 때때로 예수 이야기를 나누었다. 나의 예수 이야기에 진지하게 귀를 열어 주셔서 고맙다. 어려운 가운데 이 책의 출판을 흔쾌히 결정해 주신 레디앙의 이광호 대표께도 감사드린다.

시골과 어촌에서 젊은 날 예수를 받아들여 작은 예수 공동체를 만들어 오셨던 친할아버지, 친할머니, 외할아버지, 외할머니께, 아버지, 어머니께 감사드린다. 어촌, 산촌, 강촌의 작은 시골 교회를 유지하기 위해 헌신했던 시골의 가난한 그리스도인들에게서 나는, 우리 집안은 보답할 길 없는 은혜, 분에 넘치는 은혜를 입었다.

김명석

물리학을 공부한 다음 언어철학 및 심리철학으로 박사 학위를 받았다. 경북대 기초과학연구소, 중앙인사위원회 등에서 일했으며, 현재 국민대 교양대학에서 철학을 가르치고 있다. 후기 분석철학의 인식론과 언어철학, 언어와 사고의 기원, 자유의지와 마음의 힘, 뜻 믿음 바람 행위의 종합이론, 양자역학의 존재론 해석을 주로 공부하고 있다.

쓴 책으로는 『두뇌보완계획 100』이 있고, 쓴 논문으로는 〈데이빗슨의 인식론 뒤집기〉, 〈콰인의 평행론〉, 〈존재에서 사유까지〉, 〈심적 차이는 역사적 차이〉, 〈인식론에서 타자의 중요성〉, 〈자연의 원리〉, 〈두 딸 문제와 선택 효과〉, 〈로봇 인문학과 로봇 사회학〉 등이 있다.

초판 1쇄 펴낸 날 2017년 1월 20일

지은이 김명석
펴낸이 이광호
펴낸곳 도서출판 레디앙
디자인 Annd

등록 2014년 6월 2일 제315-2014-000045호
주소 서울 강서구 공항대로 481(등촌동, 2층)
전화 02-3663-1521 팩스 02-6442-1524
전자우편 redianbook@gmail.com

ISBN 979-11-87650-01-0 03230